日本語能力試験対策 これ一冊 N2

アスク編集部 [編]

はじめに

　この本は日本語能力試験N2の合格を目指す日本語学習者のための試験対策本です。「文字・語彙」「文法」「読解」「聴解」のすべての分野の内容を1冊にまとめました。仕事などで忙しい人でも勉強できるように、N2合格のために解いたほうがいい問題を約300問厳選して載せています。2か月で試験対策を完了できることを目指した本になっているので、試験まで時間がない、という人もあきらめずにがんばってください。

　さらに、各分野の最初に「ポイントと例題」があります。これらは長い間日本語能力試験の対策授業をしている先生が、これまでの経験をもとに解く際のポイントを分かりやすくまとめたものです。一人で勉強している人はもちろん、学校で勉強している人にも役立つ内容になっています。

　また、試験前に自分の実力を確認するために、模擬試験の問題も1回分付いています。時間を計って解いてみてください。

　この本を使って勉強する皆さんが試験に合格できることを心よりお祈りしています。

2023年9月25日
アスク編集部一同

目次

はじめに　　　　　　　　　　　　　　　　　　p.3
日本語能力試験（JLPT）N2について　　　　　p.5
この本の使い方　　　　　　　　　　　　　　　p.6

■言語知識（文字・語彙・文法）　　　p.7
- 漢字読み　　　　　　　　　　　　　　　　　p.8
- 表記　　　　　　　　　　　　　　　　　　　p.10
- 語形成　　　　　　　　　　　　　　　　　　p.12
- 文脈規定　　　　　　　　　　　　　　　　　p.14
- 言い換え類義　　　　　　　　　　　　　　　p.17
- 用法　　　　　　　　　　　　　　　　　　　p.20
- 文法形式の判断　　　　　　　　　　　　　　p.25
- 文法の組み立て　　　　　　　　　　　　　　p.30
- 文章の完成　　　　　　　　　　　　　　　　p.33

■読解　　p.39
- メールや掲示物　　　　　　　　　　　　　　p.40
- 評論・説明文　　　　　　　　　　　　　　　p.47
- 統合理解　　　　　　　　　　　　　　　　　p.76
- 情報検索　　　　　　　　　　　　　　　　　p.85

■聴解　　p.93
- 課題理解　　　　　　　　　　　　　　　　　p.94
- ポイント理解　　　　　　　　　　　　　　　p.98
- 概要理解　　　　　　　　　　　　　　　　　p.103
- 即時応答　　　　　　　　　　　　　　　　　p.106
- 統合理解　　　　　　　　　　　　　　　　　p.110

■模擬試験　　p.117

日本語能力試験（JLPT）N2について

Q. 日本語能力試験（JLPT）ってどんな試験？

日本語を母語としない人の日本語力を測定する試験だよ。
レベルはN5からN1まで5段階あるんだ。

Q. N2はどんなレベル？

N2は、「日常的な場面で使われる日本語の理解に加え、より幅広い場面で使われる日本語をある程度理解」できるレベルとされているんだ。
日本企業の求人ではN2レベル以上が求められることが多いみたい。

Q. N2はどんな問題が出るの？

試験科目は、①言語知識（文字・語彙・文法）・読解、②聴解の2科目だよ。
全部マークシートに記入する方式になっているんだ。

Q. 得点は？

試験科目と違って、得点は、①言語知識（文字・語彙・文法）、②読解、③聴解の3つに分かれているよ。
各項目は0〜60点で、総合得点は0〜180点、合格点は90点。
でも、3つの得点区分で19点に達していないものが1つでもあると、不合格になるから気を付けてね！

Q. どうやって申し込むの？

日本で受験する場合は、日本国際教育支援協会のウェブサイト（info.jees-jlpt.jp）から申し込めるよ。
海外で受験する場合は、自分の国の実施機関に問い合わせてね。
実施機関は公式サイトで確認できるよ。

詳しくは公式サイトで確認しよう！
https://www.jlpt.jp

この本の使い方

本書は、ドリル形式の「練習問題」と「模擬試験1回分」という構成になっています。
「練習問題」で練習をしたあとに、時間を計って模擬試験を解くようにしてください。

■練習問題

各分野の最初に「ポイントと例題」があります。
「ポイントと例題」には、解くときの方法や注目したほうがいいポイントなどが書いてあるのでしっかり読みましょう。
例題の答えはすぐ下にあります。

「ポイントと例題」を確認したら、「練習問題」を解きましょう。
練習問題の数は分野によって違います。
2か月で試験対策ができるように、たくさん練習すると高得点が取りやすい分野の問題を多くしています。
一度にまとめて解く必要はないので、計画的に各分野を解くようにするといいでしょう。

「練習問題」の答えは別冊にあります。

■模擬試験

模擬試験は実際のテストと全く同じ構成になっています。
マークシートを使って、本番と同じように挑戦しましょう。
マークシートは本冊の最後にあります。

「模擬試験」の答えも別冊にあります。

■音声

音声は下記のサイトからダウンロードできます。

https://www.ask-books.com/jp/koreissatsu/96705_audio/

ダウンロードするときにはパスワードが必要です。
下記のパスワードを入れてください。

パスワード

967050802

言語知識
(文字・語彙・文法)

漢字読み ……………………… p.8
表記 …………………………… p.10
語形成 ………………………… p.12
文脈規定 ……………………… p.14
言い換え類義 ………………… p.17
用法 …………………………… p.20
文法形式の判断 ……………… p.25
文の組み立て ………………… p.30
文章の文法 …………………… p.33

文字・語彙・文法

漢字読み Kanji reading

ポイントと例題

💡 難しい訓読み・似たような読み方・特別な読み方に注意して解こう。

1　台風に備えて、食料を買っておいた。

　　1　くわえて　　2　かまえて　　3　つかまえて　　4　そなえて

2　このレストランは評判がよく、いつも混んでいる。

　　1　ひょうぱん　2　ひょうばん　3　ひょうぽん　4　ひょうほん

答え　1　4　　2　2

練習問題　（答え：別冊p.2）

＿＿＿の言葉の読み方として最もよいものを、1・2・3・4から一つ選びなさい。

1　できるだけ地元の食材を使って料理するようにしている。

　　1　じもと　　2　ちもと　　3　じげん　　4　ちげん

2　うちのアパートの大家はとても親切だ。

　　1　おおいえ　2　たいか　　3　おおや　　4　おおか

3　実物を見てから買うかどうか決めようと思う。

　　1　じつぶつ　2　じっぶつ　3　じつもの　4　じっもの

4　この品物はセール品なので、返品できないことになっている。

　　1　へんひん　2　へんしな　3　へんぴん　4　へんびん

5 日本の夏は湿度が高く蒸し暑い。

　　1　しっど　　　2　しっおん　　　3　しつど　　　4　しつおん

6 この件に関して、また改めてご連絡させていただきます。

　　1　たしかめて　　2　からめて　　　3　まとめて　　　4　あらためて

7 考えが異なる人と話をするといろいろなことが知ることができる。

　　1　ことなる　　　2　かさなる　　　3　あいなる　　　4　いなる

8 孫のおもちゃが壊れたので、直してあげた。

　　1　やぶれた　　　2　こわれた　　　3　われた　　　　4　もれた

9 ビザを更新するために必要な書類は何ですか。

　　1　しょうるい　　2　しょるい　　　3　しょる　　　　4　しょうる

10 日本の首都は東京である。

　　1　しゅうと　　　2　しゅと　　　　3　しゅっとう　　4　しゅとう

11 仲のいい友達が遠くに引っ越してしまい、とても寂しい。

　　1　かなしい　　　2　こいしい　　　3　さびしい　　　4　なつかしい

12 有名な作家のサインを求めて長い行列ができた。

　　1　ぎょうれつ　　2　こうれつ　　　3　ぎょうれい　　4　こうれい

表記 Writing

ポイントと例題

💡 似たような漢字に注意して解こう。

[1] もよりのバス停は家から歩いて5分のところにある。

1　最客り　　　2　最宇り　　　3　最寄り　　　4　最容り

[2] 彼はいつもプラスしこうだ。

1　思孝　　　2　志考　　　3　思考　　　4　志孝

答え　[1] 3　[2] 3

練習問題 （答え：別冊p.2～3）

＿＿の言葉を漢字で書くとき、最もよいものを1・2・3・4から一つ選びなさい。

[1] しゅうしょくがなかなか決まらず親を心配させた。

1　就織　　　2　就職　　　3　就識　　　4　就編

[2] この服はめん100%で作られている。

1　綿　　　2　絹　　　3　糸　　　4　紙

[3] このアパートは築30年で古いが駅から近いのでやちんがとても高い。

1　屋賃　　　2　宿賃　　　3　家賃　　　4　運賃

[4] こうだいな土地に牛や羊などの家畜を飼っている。

1　拡大　　　2　好大　　　3　高大　　　4　広大

5 生徒にテストの問題の間違いをしてきされた。

　　1　指敵　　　　2　指滴　　　　3　指適　　　　4　指摘

6 みんながあらそうことをやめれば平和が訪れるはずだ。

　　1　争う　　　　2　競う　　　　3　戦う　　　　4　挑う

7 はたけでトマトやきゅうりなどの野菜を作っている。

　　1　田　　　　　2　畑　　　　　3　町　　　　　4　畜

8 風邪のよぼうに、外から帰ってきたら手洗いをしている。

　　1　余防　　　　2　予坊　　　　3　予防　　　　4　余坊

9 これからのしんろについて親と話し合った。

　　1　進路　　　　2　進踊　　　　3　進距　　　　4　進跡

10 大人になってからでも、いろいろなことをまなぶことができる。

　　1　学ぶ　　　　2　習ぶ　　　　3　遊ぶ　　　　4　練ぶ

11 緊張してひたいから汗が流れてきた。

　　1　顔　　　　　2　頭　　　　　3　額　　　　　4　願

12 この場所はきけんですから入らないでください。

　　1　危険　　　　2　危使　　　　3　危倹　　　　4　危検

語形成 Word formation

ポイントと例題

💡 言葉の前、後ろに漢字や言葉がつくから、意味を考えながら解こう。

1 この会社は交通（　　）が出ないので、自転車で通っている。
　　1　費　　　　2　代　　　　3　金　　　　4　賃

2 ワクチンを打ったら、（　　）反応で頭が痛くなった。
　　1　本　　　　2　長　　　　3　高　　　　4　副

3 朝は3分（　　）に電車が来る。
　　1　おき　　　2　つき　　　3　たて　　　4　ほど

答え　1 1　2 4　3 1

練習問題　(答え：別冊p.3～4)

（　　）に入れるのに最もよいものを、1・2・3・4から一つ選びなさい。

1 この地域のワクチン接種（　　）は80%です。
　　1　比　　　　2　高　　　　3　率　　　　4　割

2 本が好きなので、小説（　　）になりたい。
　　1　手　　　　2　師　　　　3　士　　　　4　家

3 今働いている会社は交通（　　）が全額支給される。
　　1　金　　　　2　費　　　　3　賃　　　　4　料

4 昨日、隣の部屋の電気が一晩（　　）ついていた。
　　1　内　　　　2　中　　　　3　時　　　　4　間

5 祖父は日本（　）のカメラを持っている。

1　製　　　　2　産　　　　3　風　　　　4　的

6 この作業は時間がかかって（　）効率だ。

1　非　　　　2　無　　　　3　否　　　　4　不

7 この本は（　）世界で読まれています。

1　総　　　　2　各　　　　3　全　　　　4　現

8 今まで（　）可能だったことを、コンピューターが可能にしてくれた。

1　不　　　　2　未　　　　3　非　　　　4　否

9 この自治体は、どんな人でも住みやすい（　）文化共生を目指している。

1　超　　　　2　多　　　　3　大　　　　4　高

10 5年（　）に日本に帰国しやっと母の手料理を食べることができた。

1　ぶり　　　2　ごと　　　3　おき　　　4　つき

11 今、東京の上野公園の桜が見（　）です。

1　きわ　　　2　ごろ　　　3　くらい　　4　ため

12 この公園のベンチはペンキぬり（　）なので、座らないでください。

1　たて　　　2　たち　　　3　つき　　　4　つて

13 朝のラッシュの時間は5分（　）に電車が来る。

1　つき　　　2　ぶり　　　3　たて　　　4　おき

14 年末の大掃除でゴミ（　）の部屋を片付けた。

1　だらけ　　2　ぐるみ　　3　ごと　　　4　ずつ

文脈規定 Contextual rules

ポイントと例題

💡 慣用句や副詞に注意しながら、文に合うことばを選ぼう。

① （　　）してしまい、起きたら誰もいなかった。
　　1　うとうと　　2　おろおろ　　3　きょろきょろ　　4　ふわふわ

② このかばんは高すぎて（　　）が出ない。
　　1　足　　　　　2　口　　　　　3　手　　　　　　4　耳

③ たくさん買ったら、予算が（　　）してしまった。
　　1　サーバー　　2　コーナー　　3　オーバー　　　4　ローラー

答え　①1　②3　③3

練習問題　（答え：別冊p.4〜5）

（　　）に入れるのに最もよいものを、1・2・3・4から一つ選びなさい。

① 花粉（　　）なのでこの時期は鼻水やらくしゃみやら辛い。
　　1　アレルギー　　2　ウイルス　　3　ワクチン　　4　オーバー

② お金がかからないフリー（　　）で電話しよう。
　　1　プッシュ　　2　コール　　3　トーク　　4　パス

③ うちの会社はアルバイトにも（　　）が出るのでアルバイトの私としてはうれしい。
　　1　ボーナス　　2　サラリー　　3　ローン　　4　フォーム

④ 彼女は雨の中（　　）忘れ物を届けてくれた。
　　1　せっかく　　2　とりあえず　　3　わざわざ　　4　どうせ

5 転んだ子どもは（　　）泣き出しそうだった。

　　1　今にも　　　2　まさか　　　3　どうせ　　　4　いちおう

6 上司に報告しないで（　　）書類を書き換えてしかられた。

　　1　意外に　　　2　勝手に　　　3　単に　　　　4　必死に

7 彼は甘いものに（　　）。

　　1　口がうまい　2　目がない　　3　口にする　　4　目にする

8 子どもが家のことを何でもしてくれるので（　　）。

　　1　頼もしい　　2　人なつっこい　3　ずうずうしい　4　そそっかしい

9 燃えないゴミと燃えるゴミを（　　）しておいてください。

　　1　分別　　　　2　分解　　　　3　分担　　　　4　分裂

10 私が送ったメールを佐藤課長に（　　）しておいてください。

　　1　受信　　　　2　転送　　　　3　添付　　　　4　削除

11 会議の前に資料にざっと目を（　　）おいてください。

　　1　盗んで　　　2　入れて　　　3　通して　　　4　向けて

12 試合に負けてしまいみんな肩を（　　）いた。

　　1　上げて　　　2　落として　　3　回して　　　4　振って

13 熱は下がったんですが、今日は（　　）を取ってお休みさせていただきます。

　　1　大事　　　　2　大切　　　　3　大変　　　　4　大分

14 私の家は駅から（　　）5分でとても便利です。

　　1　徒歩　　　　2　散歩　　　　3　歩道　　　　4　歩行

15 この牛乳、変な味がすると思ったら、賞味期限が（　）いるよ。

　　1　伸びて　　　　2　なくなって　　　3　離れて　　　　4　切れて

16 明日のデートのことを考えると、勉強も（　）につかない

　　1　足　　　　　　2　目　　　　　　　3　手　　　　　　4　耳

言い換え類義 Paraphrasing synonyms

ポイントと例題

💡 慣用句や副詞に注意しながら、似た意味を選ぼう。

1 案の定、彼は何も言わずに帰った。

    1 やっぱり   2 とうとう   3 わざと   4 たった今

2 ピザをデリバリーしてもらった。

    1 注文して   2 配達して   3 食べて   4 切って

答え　1 1　2 2

練習問題　(答え：別冊p.5〜7)

___ の言葉に意味が最も近いものを、1・2・3・4から一つ選びなさい。

1 レストランで働いていたとき、お客さんからよく<u>クレーム</u>を言われた。

    1 苦情   2 感謝   3 謝罪   4 許可

2 新しい車を買いたいので、できるだけお金を<u>セーブ</u>している。

    1 節約   2 借金   3 大金   4 契約

3 すみません、<u>注文</u>お願いします。

    1 リーダー   2 オーダー   3 コーナー   4 クーポン

4 今回は合格できなかったが、機会があればまた<u>挑戦</u>してみたいです。

    1 チャンス   2 パス   3 チャレンジ   4 チェンジ

5 私のニックネームはまーちゃんです。

　　1　名前　　　　2　本名　　　　3　氏名　　　　4　あだ名

6 明日はなるべく早く来てください。

　　1　できるだけ　　2　もっと　　　3　必ず　　　　4　どうしても

7 家でコーヒーを飲みながらテレビを見て、のんびり過ごした。

　　1　たっぷり　　　2　ゆっくり　　3　めっきり　　4　こっそり

8 あわただしい一日がやっと終わった。

　　1　落ち着いた　　2　ありふれた　3　ひまな　　　4　忙しい

9 昨日塾をさぼって、友達とカラオケに行ったことが母にばれてしまった。

　　1　知られて　　　2　怒られて　　3　ほめられた　4　誘われて

10 コンビニのATMでお金を下ろしたら手数料を取られた。

　　1　入金したら　　2　振り込んだら　3　送金したら　4　引き出したら

11 このお店、知っている店員がいるからよそう。

　　1　行こう　　　　2　予約しよう　3　買おう　　　4　やめよう

12 あの会社は多くの外国人をやとっている。

　　1　採用している　2　リストラしてる　3　募集している　4　面接している

13 受信ボックスがいっぱいになったので要らないメールを削除した。

　　1　作った　　　　2　消した　　　3　送った　　　4　受け取った

14 お店の前でしゃがまないでください。

　　1　たばこを吸わないで　　　　　2　おしゃべりしないで
　　3　駐車しないで　　　　　　　　4　座らないで

15 まもなく電車が参ります。

　　1　とっくに　　2　つねに　　3　もうすぐ　　4　ようやく

16 日本語がじょじょに上手になってきた。

　　1　かなり　　2　うんと　　3　いっきに　　4　少しずつ

17 昨年の夏、寝室にエアコンを設置した。

　　1　取り入れた　　2　取り除いた　　3　取り扱った　　4　取り付けた

18 友達の会社が倒産したと聞いて信じられなかった。

　　1　耳を疑った　　2　耳が遠かった　　3　耳にした　　4　耳が痛かった

19 忙しくなくなったら、ちょっと手伝ってください。

　　1　手がかかったら　　2　手に入れたら　　3　手が空いたら　　4　手を貸したら

20 目立つシャツを着ているのですぐにわかった。

　　1　立派な　　2　地味な　　3　質素な　　4　派手な

用法 Usage

ポイントと例題

💡 似たような形、音のことばに注意しながら、ことばが正しく使われている文を選ぼう。

---

1 確かに

1 ここに確かにパン屋があったと思うんだけど。
2 ここに書類があったのをこの目で確かに見ました。
3 確かに会議に間に合ってよかった。
4 用事があって、確かに行けない。

答え 2

練習問題 （答え：別冊p.7～8）

次の言葉の使い方として最もよいものを、1・2・3・4から一つ選びなさい。

1 目安

1 この薬は一週間を目安に飲みきってください。
2 今年の目安は新しい資格を取ることです。
3 セールで目安の物を買えたのでうれしい。
4 あの人が何歳か全然目安もつかない。

2 手続き

1 毎日同じことを手続きすればきっと上手になる。
2 彼は何を始めても手続きしない。
3 電波が弱くてインターネットに手続きできない。
4 入学の手続きに手間がかかった。

3 導入

1 うちの近くにジュースの自動販売機が導入された。
2 そろそろマイホームを導入したい。
3 会社に新しいシステムが導入され便利になった。
4 お金を導入してボタンを押すと切符が出る。

4 変換する

1 予定を変換してください。
2 ひげをつけて変換した。
3 「がっこう」を漢字に変換する。
4 学生同士で意見を変換した。

5 うなずく

1 手で顔をうなずいてしゃがみこんだ。
2 娘は不満げに母親の顔をうなずいた。
3 相手の話をただうなずいて聞いていた。
4 物が飛んできて目をうなずいてしまった。

6 まかせる

1 この仕事は田中さんにまかせるよ。
2 あとで行くから、先に料理をまかせておいて。
3 コンビニのATMでお金をまかせた。
4 早く宿題をまかせて遊びに行きたい。

7 破れる

1 寒くて耳が破れそうだ。
2 Tシャツを引っ張ったら破れてしまった。
3 コップがちょっと破れている。
4 ご飯を食べていたら、歯が破れた。

8 済む

1 先日撮ってもらった写真が済んだ。
2 あと数日で夏休みが済んでしまう。
3 やっと雨が済んだ。
4 宿題はもう済んだの？

9 こだわる

1 食材にこだわって料理をする。
2 朝から晩までずっとゲームにこだわっている。
3 優勝したからといってこだわってはだめだよ。
4 うるさくて、こだわって勉強できない。

10 気が合う

1 留学した娘のことが気が合う。
2 明日は運動会なので天気が気が合わない。
3 彼女とはけんかばかりで気が合わない。
4 初対面の人と話すと気が合って疲れる。

11 割り込む

1 定価の30％割り込んでくれた。
2 並んでいる列に何人か割り込んできた。
3 みんなに仕事を割り込んだ。
4 5÷3は割り込まない。

12 豊かな

1 自然が豊かな環境で暮らしたい。
2 あの豊かなシャツを着ているのが私の母だ。
3 空には豊かな星が輝いている。
4 彼は若い世代から豊かな人気がある。

13 うっとうしい

1 試験の日が近づいてきていてうっとうしい。
2 自分の気持ちをなかなか相手に伝えられずうっとうしい。
3 前髪が目にかかってうっとうしい。
4 優勝できなくて本当にうっとうしい。

14 ひとなつっこい

1 彼女は何があってもさわがないひとなつっこい人だ。
2 彼女は初対面の人でもすぐに仲良くなれるひとなつっこい人だ。
3 彼女は困っている人を助けてあげるひとなつっこい人だ。
4 彼女はいつも何か忘れ物をするひとなつっこい人だ。

15 率直に

1 動物は小さい音でも率直に反応する。
2 友達とけんかしたが、なかなか率直に謝れない。
3 これは高級なお皿なので率直に運びましょう。
4 率直に言ってあの映画はおもしろくなかった。

16 一気に

1 安物のドライヤーを買ったら一気に壊れた。
2 遅刻しそうだったので一気に学校へ行った。
3 前の車が一気にブレーキをかけて止まった。
4 夏休みの宿題を一日で一気に仕上げた。

17 やっと

1 さっきからやっと電話が鳴っている。
2 やっと明日までに仕上げます。
3 やっとアメリカに行ってみたい。
4 面接をしてから1か月後にやっと返事が来た。

18 いちいち

1 明日いちいち帰国します。
2 人はいちいち考え方が違う。
3 そんなこといちいち気にしてられない。
4 いちいちバスが来なくてイライラする。

19 すらすら

1 面接のとき質問にすらすら答えられた。
2 すらすら泳げるようになった。
3 赤ちゃんは気持ちよさそうにすらすら寝ている。
4 彼は先にすらすら歩いて行ってしまった。

20 バランス

1 バランスのよい音楽を聞きながら勉強する。
2 新しいバランスの冷蔵庫を買った。
3 バランスのよい食事を取るようにしている。
4 髪型を変えたら、バランスが変わったと言われた。

文法形式の判断 Determining grammatical form

ポイントと例題

💡 文に合う文型を選ぼう。

1　子どもの頃、ゲームばかりやって母によく怒られた（　　）。

　　1　ものだ　　　2　はずだ　　　3　ことだ　　　4　だけだ

答え 1

練習問題　（答え：別冊p.8～10）

次の文の（　）に入れるのに最もよいものを、1・2・3・4から一つ選びなさい。

1　このお店はシンプルな洋服が多いので、年齢（　　）人気があり、いつも混んでいる。

　　1　において　　2　にとって　　3　を問わず　　4　をはじめ

2　ご来店の（　　）は身分証明書をお持ちください。

　　1　際　　　　　2　以来　　　　3　限り　　　　4　末

3　A「おすしは好きですか。」
　　B「わさび（　　）なら、食べられます。」

　　1　っぽい　　　2　がち　　　　3　気味　　　　4　ぬき

4　そんなに遠くないので歩いて（　　）が、疲れているので車で行きたい。

　　1　行けないこともない　　　　2　行っていられない
　　3　行かずにはいられない　　　4　行くわけではない

5 お昼休みも電話がかかってくるので、ゆっくり（　　）。

1　休まずにはいられない　　　　2　休んでいられない
3　休むことになっている　　　　3　休むよりほかない

6 A「昨日のパーティー、楽しかったよ。」
B「本当？　ありがとう。そう言ってもらえると頑張って（　　）。」

1　準備したかいがあったよ　　　2　準備した次第だよ
3　準備した上だよ　　　　　　　4　準備したとは限らないよ

7 A「彼女、けちだからわざとお財布持ってこないかも。」
B「それ（　　）うるね。」

1　ある　　　2　あり　　　3　あった　　　4　あって

8 A「冷蔵庫に入ってる（　　）かけのジュース誰の？」
B「わかんないけど、もうずっと前からあるよね。」

1　飲んで　　　2　飲む　　　3　飲み　　　4　飲んだ

9 係りの人の指示（　　）お進みください。

1　とともに　　　2　にともなって　　　3　につれて　　　4　にしたがって

10 さっきまで晴れていたのに家を出た（　　）、雨が降り出した。

1　末に　　　2　あげく　　　3　とたん　　　4　上で

11 A「昨日近所のスーパーで妹さん見かけたよ。」
B「妹の（　　）よ。おとといから海外旅行行ってるから。」

1　わけがない　　　2　わけではない　　　3　わけだ　　　4　わけにはいかない

12 A「転勤するって聞いたけど。」
B「家族と相談した（　　）決めるつもりだよ。」

1　上に　　　2　上は　　　3　上で　　　4　上では

13 この地震（　　）津波の心配はありません。

　　1　にこたえて　　2　に際して　　3　による　　4　にかかわる

14 彼女は忙しいと（　　）ながら、いつもネットばかり見ている。

　　1　言い　　2　言った　　3　言って　　4　言う

15 落ち込んでいる彼に対して、あんなひどいことを言う（　　）ではなかった。

　　1　わけ　　2　よう　　3　こと　　4　べき

16 お手元にある資料（　　）、説明させていただきます。

　　1　に応じて　　2　に沿って　　3　にあたり　　4　に先立ち

17 A「田中さん、今日お休みかな。」
　　B「田中さんの（　　）、きっと遅れて来るよ。」

　　1　ことだから　　2　ことから　　3　ことなく　　4　ことには

18 ここは外国の人が多く住んでいる地域（　　）、いろいろな国の食材を買うことができる。

　　1　ばかりに　　2　だけに　　3　ばかりか　　4　のみならず

19 忘年会の際は、お客様のご予算（　　）コース料理をご用意いたします。

　　1　に対した　　2　において　　3　について　　4　に応じた

20 A「最近、エリさんに会った？」
　　B「ううん、1年前の食事会（　　）会ってないよ。」

　　1　以上　　2　次第　　3　以来　　4　一方

21 このドアは、パスワードを入力してからでないと（　　）。

　　1　開いていません　　2　開いています　　3　開きません　　4　開きます

22 A「山田君、パーティー来るかな。」
　B「昨日、パーティー楽しみって言ってたから、（　　）。」

　1　来るとは限らないよ　　　　2　来かねないよ
　3　来るに決まってるよ　　　　4　来るわけがないよ

23 万が一中止の場合、当日の7時までにメール（　　）お知らせします。

　1　にて　　　2　まで　　　3　こそ　　　4　とか

24 今朝、寝坊しちゃって、危うく遅刻する（　　）だったよ。

　1　こと　　　2　わり　　　3　ところ　　　4　はず

25 参加するに（　　）、しないに（　　）、期日までに出欠の連絡をお願いします。

　1　しよう　　　2　しろ　　　3　すれば　　　4　して

26 A「山本さんに借りた本にコーヒーこぼしちゃった。」
　B「気持ち（　　）謝れば許してくれると思うよ。」

　1　をもとに　　2　を通じて　　3　を込めて　　4　を問わず

27 この先工事中（　　）、通り抜けできません。

　1　につき　　2　にして　　3　にしろ　　4　にせよ

28 毎日一生懸命練習している。（　　）なかなか上手にならない

　1　それなのに　2　それなら　3　それで　4　それから

29 A「昨日の宿題やった？」
　B「やったよ。（　　）昨日宿題やってるとき、すごい雨降ってきたからびっくりしたよ。」

　1　そこで　　2　そういえば　　3　それなら　　4　それなのに

30 A「なんで旅行行かないの?」
　B「(　　)、バイト休めなくて。」

　1　だけど　　　2　だが　　　3　だって　　　4　なぜなら

31 A「今日、部長お休みだって。」
　B「(　　)今日は会議やらないね。」

　1　だって　　　2　ただし　　　3　なぜなら　　　4　ということは

32 困ったなぁ。この時計はもう部品がないから(　　)。

　1　直しようがないよ　　　　　2　直すもんじゃないよ
　3　直すどころじゃないよ　　　4　直すわけがないよ

33 正しい答えを(　　)つもりだったが、答えを見たら間違っていた。

　1　書く　　　2　書いて　　　3　書いた　　　4　書き

34 A「昨日ニュースで言ってたんですが、今年の冬はあまり寒くない(　　)。」
　B「本当ですか。でも雪降ってほしいな。」

　1　わけ　　　2　こと　　　3　から　　　4　とか

35 館内での携帯電話の使用はご遠慮(　　)。

　1　願いします　　　　　2　お願いしてください
　3　願います　　　　　　4　願ってください

文の組み立て Sentence construction

ポイントと例題

💡 ことばを並び替えて文を完成させよう。

> 1 難しい（＿＿）（★）（＿＿）（＿＿）ことに価値がある。
>
> 1　みる　　　　2　こそ　　　　3　から　　　　4　やって

答え 2

解き方を知ろう！

STEP 1　文型を見つける

→「から＋こそ」(強調)　「やって＋みる」

▼

STEP 2　接続に気を付ける

→「ことに価値がある」の「こと」の前は動詞の普通形がくる。

難しい ＿＿ ＿＿ やって みる ことに価値がある。

▼

STEP 3　パズルのように組み立てていく

難しい から こそ やって みる ことに価値がある。

練習問題 （答え：別冊p.10〜11）

次の文の ★ に入る最もよいものを、1・2・3・4から一つ選びなさい。

① 先日、電車の中で ___ ___ ★ ___ カップルを見かけた。

 1 ケンカを   2 人目も   3 している   4 かまわず

② このイベントは ___ ___ ★ ___ 毎年開催されている。

 1 として   2 市民の   3 目的   4 交流を

③ ___ ___ ★ ___ 生活をするようになった。

 1 規則正しい   2 を   3 きっかけに   4 病気

④ 宿題をやろうか ___ ___ ★ ___ 、いつの間にか寝ていた。

 1 まいか   2 いたら   3 やる   4 考えて

⑤ すみません、道が混んでいて ___ ___ ★ ___ です。

 1 間に合い   2 ちょっと   3 ない   4 そうも

⑥ この地球上に人間がいる限り、___ ___ ★ ___ 。

 1 ことはない   2 戦争が   3 なくなる   4 だろう

⑦ 家庭の事情で ___ ___ ★ ___ 学生には何かしらの支援が必要ではないか。

 1 あきらめ   2 得ない   3 進学を   4 ざるを

⑧ いろいろな ___ ___ ★ ___ が、なかなか時間がなくて…。

 1 旅行したい   2 うちに   3 ところを   4 元気な

⑨ 毎年お正月になると、子どものころ ___ ___ ★ ___ たまらなくなる。

 1 食べたくて   2 父が   3 料理が   4 作ってくれた

10 A「どうしたの？ 木村さんが遅れるなんて珍しいね。」
　 B「すみません、事故があったみたいで、なかなか ___ ___ ★ ___ 。」

　 1 電車が　　　2 もん　　　3 だから　　　4 来なかった

11 A「走って行けば、次の ___ ___ ★ ___ ね。」
　 B「じゃあ走ろう。」

　 1 ことも　　　2 乗れない　　　3 バスに　　　4 ない

12 マラソン ___ ___ ★ ___ 自信があります。

　 1 にかけては　　　2 負けない　　　3 誰にも　　　4 クラスの

13 ___ ___ ★ ___ しなければいけない。

　 1 提出　　　2 この書類を　　　3 先立って　　　4 海外留学に

14 毎日 ___ ___ ★ ___ くらいはできると思うんだけど。

　 1 忙しい　　　2 メールの　　　3 にしても　　　4 確認

文章の文法 Sentence grammar

ポイントと例題

💡 文章を読んで正しいことばを選ぼう。

1　　今、車を持たない若者が増えているそうだ。と言っても、それは都市部での話で、地方では車は生活に欠かせないものとなっている。買い物に行ったり、病院に行ったり、田舎ほど車の必要性は高くなる。
　　　　[1]、高齢者は運転能力の問題から、運転免許を返さざるをえない状況
5　になっている。[2]地方ではバスや電車の本数が減ったり、廃線になったりして、ますます移動手段がなくなっている。こうなると、年を取ったら田舎で暮らすよりも、便利な都会で暮らしたいと[3]。

[1]　1　だから　　　　　　　　2　しかも
　　 3　ところで　　　　　　　4　しかし

[2]　1　だから　　　　　　　　2　しかも
　　 3　ところで　　　　　　　4　しかし

[3]　1　思わずにはいられない　　2　思わずにすぎない
　　 3　思うわけがない　　　　　4　思うものか

答え　[1]4　[2]2　[3]1

解き方を知ろう！

接続詞の問いは前の文と後ろの文のつながりを考えよう！

1. 前文「田舎ほど車の必要性は高くなる」＝ 車が必要
   後文「高齢者は運転能力の問題から、運転免許を返納せざるをえない状況」＝ 運転できない
   → 後文は前文に反しているので答えは4の「しかし」が入る。

2. 「地方では…ますます移動手段がなくなっている」の文は前文と同じで交通手段がなくなることが書いてあるので、答えは2の「しかも」が入る。

文末表現の問いは肯定か否定かを考えよう！

3. 田舎は移動手段がなく不便だから「年を取ったら田舎で暮らすよりも、便利な都会で暮らしたい…」「…」には肯定的な表現がくる。3の「思うわけがない」と4の「思うものか」は否定の「思わない」という意味になる。2の「～にすぎない」は「～」には名詞がきて「ただのNだ」（彼は学生にすぎない＝彼はただの学生だ。）という意味になるので答えは1の「思わずにはいられない」＝ そう強く思う

練習問題 (答え：別冊p.11〜12)

次の文章を読んで、文章全体の内容を考えて、☐の中に入る最もよいものを、1・2・3・4から一つ選びなさい。

問題1
以下は、新聞のコラムである。

自立

1 　　自立する上で何が大切でしょうか。それは自由を求める気持ちだと思います。「自由に暮らしたいから面倒くさいけど自立する」というのが、健全な自立への近づき方です。小さい頃から自分で選ぶ経験をできるだけ積み重ねていく ☐1☐ 「自分で決めたいから自立する」という姿勢につながっていきます。実家にいれば朝ご飯は親が(注)
5 作ってくれるけれども、好きな時間に起きて、好きな朝ご飯を食べたいと思ったことが ☐2☐ 自立しようかなと思ってもいいと思います。自由を求める気持ちが結果として自立につながるのです。

　　☐3☐ 、ただ自由を求めることだけが自立とは ☐4☐ 。「世間は思ったほど怖くないよ。困ったときにはわりと助けてくれる人がいる ☐5☐ 」ということを知っていく
10 のも安心して自立に向かっていくことを支えてくれます。気軽に人に頼れること、頼れ先をたくさん持つこと、助けを求めることにためらいや恥ずかしい気持ちをあまり持たないようにすることも自立に必要な準備ではないでしょうか。

(注) 実家…生まれ育った家、父母がいる家

|1| 1 ことか　　2 ことが　　3 ことなく　　4 こそ

|2| 1 きっかけで　2 上で　　　3 もとで　　　4 次第で

|3| 1 それとも　　2 しかしながら　3 つまり　　4 あるいは

|4| 1 得ません　　2 得ます　　3 限りません　4 限ります

|5| 1 ものの　　　2 ものか　　3 ものがある　4 ものだ

問題2

以下は、ニュースの原稿(げんこう)である。

今週の天気予報

1　　今週の全国の天気予報です。23日は西日本 6-a 東日本 6-b 雨や雪が降り、太平洋側でも内陸部では雪が降るところがあるでしょう。そして、24日から26日は今シーズン一番の強い寒気が日本列島に流れ込み、日本海側を中心に大雪や吹雪になるところが多くなりそうです。九州や中国、四国の市街地でも雪が積もり、東北、北
5　海道では降雪 7 風が強まり吹雪になる予想です。そのため各地でバスや電車などの交通機関の運休や多くの道路で車の立ち往生(注1)やスリップ(注2)などの事故が発生する 8 ので、できるだけ外出は控(ひか)えるようにしてください。

　　 9 、全国的に今年一番の寒さとなり、ほとんどの地域で朝晩は氷点下の気温になることが予想されています。外出する 10 厚手のコート、マフラー、手袋など
10 で寒さ対策をするだけではなく、滑(すべ)りにくい靴をはくなどして気を付けてください。来週は寒さもおさまり全国的に晴れの天気が続く予想ですが、空気が乾燥しやすくなるでしょう。

(注1) 立ち往生(おうじょう)…進むことも戻ることもできない状態
(注2) スリップ…滑(すべ)ること

6　1　aから/bにかけて　　　　2　aから/bので
　　3　aやら/bやら　　　　　　4　aにつけ/bにつけ

7　1　にかけ　　2　に加え　　3　に応じ　　4　にこたえ

8　1　おそれがある　2　ものがある　3　どころではない　4　わけではない

9　1　しかし　　2　また　　3　ただ　　4　一方

10　1　うちに　　2　限りでは　　3　くらいなら　　4　際は

問題3

以下は雑誌のコラムである。

リボーンベジタブル

　料理の際に野菜の根本やヘタは [11] が、その部分を捨てずに水につけたり植えたりして再生させる「リボーンベジタブル」が流行っている。この最大の魅力は畑がなくてもキッチンやリビングなどの室内の一角で栽培でき、普段食べる野菜を使うことで節約にもつながることだ。

　初心者におすすめなのは、小ネギのような根が付いた状態の野菜だ。食べずに残した根っこの部分を水の入ったコップやトレーに入れておくと3日〜1週間で再び葉が伸びる。[12] 2回は収穫できる。[13]、水の中の雑菌が増えるとカビが生えたり腐ったりすることがあるので水はできるだけ毎日交換し、容器も洗うように心掛けたい。

　子ども [14] は野菜のどの部分が種なのか実なのかを知るチャンスである。ナスやピーマンも再生できるが、実のなる野菜は気温が低いとうまく育たないため、植える時期は暖かくなってからのほうが [15]。

[11]　1　捨ててしまいながらだ　　2　捨ててしまい気味だ
　　　3　捨ててしまうべきだ　　　4　捨ててしまいがちだ

[12]　1　たとえば　　2　少なくとも　　3　できるだけ　　4　それとも

[13]　1　それで　　2　しかし　　3　そこで　　4　あるいは

[14]　1　にとって　　2　を問わず　　3　において　　4　として

[15]　1　いいつもりだ　　　　　　2　いいわけがない
　　　3　いいとは限らない　　　　4　いいだろう

読解

メールや掲示物 ……………………… p.40
評論・説明文 ……………………… p.47
統合理解 ……………………… p.76
情報検索 ……………………… p.85

読解

メールや掲示物 Emails and postings

ポイントと例題

例題

1　株式会社　LanLan　Japan
　　佐藤様

　　いつもお世話になっております。
　　株式会社日の丸製作所の小林です。

5　このたびは、弊社製品「ヒノマル」についてお問い合わせをいただき、
　　誠にありがとうございます。

　　せっかくのお問い合わせですが、先日、テレビで取り上げられたことで注文が集中し、
　　現在「ヒノマル」は品切れの状態となっております。
　　現在、急いで生産を行っておりますが、入荷の見込みは立っておりません。
10　ご要望にお答えできず、誠に申し訳ございません。

　　代替品として「アケボノ」がございますので、
　　そちらをご紹介させていただきたいと思いますが、いかがでしょうか。
　　添付ファイルにある当社カタログをご参照いただき、ご検討ください。
　　なお、ご不明な点などがございましたら、お気軽にご連絡ください。

15　どうぞよろしくお願いいたします。

株式会社日の丸製作所　営業部
小林太郎
URL：http://www.hinomaru-seisakusyo.com
Mail:.taro-kobayashi@hinomaru-s.co.jp
----

1 このメールの一番の目的は何か。

1　商品についての問い合わせ
2　商品の品切れのお詫び
3　テレビで商品を紹介された報告
4　他の商品の紹介

答え 2

POINT 1　メール独特の表現を理解しよう。

メールには、日常生活ではあまり使わない表現が使われるよ。
たとえば、「恐れ入りますが」「お手数をおかけしますが」など、
特にお願いや断りのメールに使われるんだ。
これらのことばはクッションことばと言って、
相手への印象を柔らかくする、よくする効果があるよ。
ただし、このクッションことばは飾りのようなもので、
メールの本当の内容には大きく関わらないんだ。
難しい表現が多いから、と心配になるかもしれないけど、
メールに使われるクッションことばを除いて内容を考えると
読みやすくなるよ。

POINT 2　メールの流れを理解しよう。

メール文は何を書くかが決まっているんだ。
① メールを送る相手の名前
② 挨拶文
③ メールを書いている人の名前
④ 本文
⑤ 終わりの挨拶
⑥ 署名
この①〜⑥の流れが基本的なメールのかたちだよ。
問題の答えとなる部分は④の部分であることがほとんどだから、
特に④の部分に集中しよう。

解き方を知ろう！

1 ×　商品の問い合わせをしてきたのは相手の佐藤さんです。
2 ○　「現在「ヒノマル」は品切れの状態となっております」と書いてあります。
3 ×　テレビで取り上げられたことが理由で、商品が売り切れてしまったと書いてあります。
4 ×　問い合わせの商品が売り切れてしまったからほかの商品を紹介しているだけで、相手の希望ではありません。

よく出る！質問のパターン

このメールの一番の目的は何か。
このメールの件名として適切なものはどれか。

練習問題　（答え：別冊 p.14〜15）

❶

以下は、ケーキ屋の前に貼られていたチラシである。

1　　　　　　　　　　4月からの新サービスのご案内

　このたび、誠に勝手ながら2024年3月31日をもちまして、ポイントサービスを終了させていただくこととなりました。
　上記期限後もお持ちのポイントは1ポイントを1円としてお支払い時にご利用いただ
5　けますが、ポイント加算はいたしかねますのでご了承ください。
　なお、新しいサービスとしまして、お客様のお誕生日限定で店内商品全品10％割引サービスを導入いたします。
　今後ともケーキショップBONBONをよろしくお願いいたします。

　　　　　　　　　　　　　　　　　　　　　　　ケーキショップ　BONBON

1 2024年3月31日以降どのようなことができなくなるか。

　　1　ポイントを貯めること
　　2　ポイントで支払いをすること
　　3　新しいサービスを受けること
　　4　10％割引で商品を買うこと

❷
以下は、オンラインショップが注文客に送ったメールである。

1　イエローラインコーヒーの「コーヒーギフトセット」をご注文いただき、誠にありがとうございます。

　この度、当店の予想をはるかに上回るギフトセットのご注文をいただいており、お客様からのお問い合わせへの回答や、商品のお届けまでに通常よりお時間を頂いております。
5　当店といたしましても、一日も早く商品をお届けできるよう全力で製造・出荷作業にあたっております。
　日時指定されたお客様につきましては、発送前にメールにてお知らせさせていただきます。

　大変申し訳ございませんが、今しばらくお待ちいただけますようお願い申し上げます。
　今後ともイエローラインコーヒーをよろしくお願い申し上げます。

2 このメールで伝えたいことは何か。

　　1　コーヒーギフトセットの注文が完了したこと
　　2　ギフトセットの注文が多いこと
　　3　ギフトセットの発送が遅れること
　　4　発送日をメールで連絡すること

❸
以下は、料理屋の前に貼られていたチラシである。

1　　お客様各位

　　当店は1985年の開店以来、地元の方々に愛されるお店を目指し、お客様に満足いただける料理をお求めやすい価格で楽しんでいただけるよう努力してまいりました。

　　しかし、ニュースでも報道されているように、全国的な食品価格の値上がり、電気、ガス料金の値上がりは今後さらに厳しい状況になると予想されております。引き続きお客様に満足していただける料理とサービスを提供するため、やむを得ず価格を改定することにいたしました。

　　今後も末永く皆様に愛されるお店であるよう、味とサービスの向上に努めてまいります。ご理解の上、ご了承いただけますようお願いいたします。

10　　　　　　　　　　　　　　　　　　　　　　　　　　　　料理屋　はなぞの

---

[3] このチラシで伝えたいことは何か。

1　料理屋が愛されている理由
2　ニュースの報道内容
3　値上げの決定
4　味とサービスの向上

❹
以下は、社員に送ったメールである。

1　件名：社員旅行のお知らせ

今年も社員旅行を下記の通り行いますので、お知らせいたします。
今年は皆様から多数ご要望いただきました黒崎温泉に決定いたしました。また、乗馬体験やすてきなプレゼントを企画しておりますので、多くの皆様の参加をお待ちしております。

5　社員旅行の参加希望表と旅行日程の詳細を添付して、部署ごとに回します。旅行の詳細をご確認の上、9月20日までに参加希望表に出欠をご記入お願いいたします。

記
1．日時　　　：10月21日（土曜日）〜10月22日（日曜日）
2．集合場所　：本社ビル駐車場　午前9時集合
3．宿泊先　　：黒崎温泉　リゾートホテル春水　Tel:0554-32-9966

10　ご質問等あれば総務部まで（内線012）お気軽にお尋ね下さい。
旅行前：総務部（内線012）／旅行中：総務部岡本（携帯：090-1122-5544）
申し込み後に不参加となった場合、速やかに総務部担当者にご連絡ください。

以上

[4] 社員旅行に参加するつもりである。どうすればいいか。

1　総務部に直接連絡する
2　参加希望表に出席と書く
3　午前9時に本社ビルの駐車場に行く
4　総務部の岡本さんの携帯電話に電話する

❺

以下は、地域に配られたお知らせである。

1　　　地域の皆様

【　　　　　　　　　　　】

　　7月13、14、15日の3日間にわたり、中央公園広場において「みなと祭り」が開催されます。みなと祭り開催の3日間とも10時〜21時が規制時間となり、中央公園
5　を中心に車両通行禁止エリアになります。

　　また、これに伴い、中央公園周辺では渋滞が予想されます。「みなと祭り」にお越しの際はできるだけ公共交通機関をご利用ください。

　　地域の方々、配送などの業務にあたられる方々には大変ご迷惑をおかけいたしますが、ご理解ご協力のほどよろしくお願いいたします。

10　詳しくは、みなと祭り実行委員会にお問い合わせください。

5　【　】に入るものとして最も適切なものはどれか。

1　みなと祭り開催のご案内
2　交通規制のお知らせ
3　交通渋滞予想について
4　みなと祭り開催のご協力のお願い

評論・説明文 Essay

ポイントと例題

長めの文章を読み、概要、筆者の考え・主張などを理解できるかを問う問題である。200字程度の「短文」、500字程度の「中文」、900字程度の「長文」の3パターンがある。

例題 （中文）

　　文学、読みを大切にするのはわが国の伝統であることを日本人はほとんど気づいていない。話し聴く力が軽んじられてきたのは、わが国が比較的に同質的な文化を享受してきたという理由によるだろう。

　　ものごとを考えるのも、ひとり黙してするのが普通である。考えた大事なことは文字に書いて文章にする。口頭が多いことで発表するのはごくごく特別の場合に限る。話すのはつまりあまり意味のない言葉になる。これでは話し方、聴き方がおろそかにされるのは当然である。重要なことは書きもの、証文にする。話だけでは信用されない。

　　①そういう文化で育った日本人が口下手であるのは当たり前。上手だったらむしろおかしいくらいである。どういうふうに話したらよいかはっきりしている人は少ない。外国のまねで祝いの会のスピーチをするようになったのはいいが、話し方の訓練をまるで受けていない人間にスピーチをさせるのはそもそも間違っている。三分を超えないという常識もないから延々ととどまるところを知らない。（中略）

　　こういうことは、日本人が文学の言葉ばかりありがたがり、声の言葉をないがしろにしてきたことによるのである。②日本人は目で考える、とはよくぞ言ったものである。つまり、耳ではまるで考えないのである。

（外山滋比古『20歳からの人生の考え方』海竜社による）

1 ①そういう文化とは、どのようなものか。

1　読むことと話すこととが同じように発展していった文化
2　考えたことを文章にして、そのあとで発表する文化

3 気付かないうちに読み書きができるようになる文化

4 話すことよりも書くことを大切にする文化

② ②日本人は目で考えるとは、どのようなことか。

1 文章を読んで、ひとりで考え、また文字に書いて残すこと

2 伝統的に文学や読み物を大切に守っていくこと

3 話を聞くだけで、相手や情報を信用しないこと

4 話し方や聴き方をおろそかにすること

③ 筆者によると、日本人がスピーチが苦手である理由は何か。

1 読むことの大切さに気づいていないから

2 話し聴く力を重要だと考えてこなかったから

3 文学の言葉と声の言葉の違いがわからないから

4 外国人のまねばかりしようとするから

答え ① 4 ② 1 ③ 2

POINT 1 指示語を理解しよう！

指示語は、その前に書かれている文章の内容を「これ」や「それ」、「あれ」などの「コソアことば」を使って指すものなんだ。
つまり、答えは前の文章に書かれているというわけだから、指示語の内容を問う問題が出たら、指示語より前の文章をしっかり読み込むようにしよう。
また、指示語は前の文章と、後ろに続く文章の内容を繋げる役割もあるよ。
指示語がどんな内容を指しているのか理解することが、
文章全体を理解するコツになるから気を付けてね。

①の「そういう文化」とは、前の段落で書かれている日本文化の特徴のこと。
前の段落で、「日本は文字に書いて相手に伝える」「考えるときも必ず文字を使って考えを書く」「話すことは信用されない」「人前で話をすることはとても限られた特別な場面しかない」という、日本文化の特徴が書かれている。

前の段落をまとめることばを探すと、正解は4番になる。

POINT 2 比喩表現を理解しよう！

私たちは「目」を何かを見るために使うよね。
つまり、「目で考える」とは「何かを見て、考える」ということなんだ。

4行目：「ものごとを考えるのも、ひとり黙してするのが普通である。考えた大事なことは文字に書いて文章にする」と書いてある。
⇒伝統的に読み物を大切にする日本では、読み物を読んで考え、その考えをまた書いて文章にすることが普通であることがわかる。

だから②の正解は1番になる。

POINT 3 文章全体を理解しよう！

文章全体を読めば、なぜ日本人がスピーチが苦手なのかわかるよ。
スピーチを指すことばを探すと、もっとわかりやすくなるから、
同じ意味のことばに〇をつけてみよう。

スピーチ→口頭・発表する・話すこと・話し方・声のことば

文章全体を通して、
2行目：話し聴く力が軽んじられてきた
5行目：口頭が多いことで発表するのはごくごく特別の場合に限る
6、7行目：話し方、聴き方がおろそかにされるのは当然である
9行目：どういうふうに話したらよいかはっきりしている人は少ない
10、11行目：話し方の訓練をまるで受けていない人間
13、14行目：声のことばをないがしろにしてきたことによる

これらのヒントをまとめると、正解は2番になる。

■ **短文**（200字程度のテキスト、1問×5題）

文章全体の内容をつかむことが大切だよ！

Q. 筆者が最も言いたいことは何か。

Q. この文章の内容として最も適切なものはどれか。

Q. ○○とは何か。

Q. 筆者は○○についてどのように述べているか。

■ **中文**（500字程度のテキスト、3問×3題）

内容の細かな部分を正確に読み取る力が必要だよ！「どのようなことを問われているのか」「その情報が文章のどこに埋め込まれているのか」を探す練習をしよう。

Q. 下線部○○とはどういうことか。

Q. これ／それ／あれ（指示語）は何をさしているか。

Q. △△とあるが、なぜか。

Q. ここでいう□□とはどのようなことか。

 **よく出る！質問のパターン**

■ **長文**（900字程度のテキスト、3問×1題）

文章を通して筆者の主張や意見を読み取ることが重要だよ！
でも内容の詳細を問う問題もいくつか出題されるから、全体の理解だけではなく、丁寧に読み込むようにしよう。

Q. ○○について筆者はどのように考えているか。
Q. この文章で筆者が最も言いたいことは何か。
Q. 筆者の意見として正しいものはどれか。

筆者の主張や意見を読み取るために、下記の表現にも注目しよう！
・〜べきだ
・〜だろう
・〜なければならない
・〜なのではないだろうか

練習問題

内容理解（短文） （答え：別冊p.16〜18）

次の❶から❾の文章を読んで、後の問いに対する答えとして最もよいものを、1・2・3・4から一つ選びなさい。

❶

　世の中には「やればできる」というひとがいっぱいいる。でもこれは、まったくのデタラメだ。好きでも得意でもないことは「やってもできない」し、そもそも頑張ることさえできない。なぜなら君のスピリチュアルが、「そんなことやりたくないよ」と全力で抵抗するから。

　意識（やらなきゃいけない）が無意識（やりたくないよ）にほとんど抵抗できないということは、いまでは脳科学が膨大な証拠を積み上げて繰り返し証明している。だとしたら、「やればできる」ではなく「やってもできない」を前提として人生ゲームの攻略法を考えるべきだ。

（橘玲『人生は攻略できる』ポプラ社による）

[1] 人生ゲームの攻略法を考えるべきだとあるが、筆者の考えに従った人生の攻略法の例として、最も適切なものはどれか。

1　「やってもできない」ことを一つ一つ克服して減らしていく。
2　「やってもできない」ことは「やればできる」人に全て任せればいい。
3　「やってもできない」ことを受け入れ、「やればできる」ことを伸ばしていく。
4　「やりたくない」気持ちに抵抗する強い意志を持つように心がける。

❷

　学校では記憶人間を尊重する。優秀なのはみんな記憶力のいい人です。だから、中年になってものを覚えられなくなると、俺はもうダメだ、となりがち。

　でも、そこからその人の真の姿が出てくるのです。地金(注)があらわれるのは、記憶頼みをやめたときなのです。

　自分の頭で考えていれば、八十歳であろうと九十歳であろうと、あまり変わりません。どんどん忘れれば、次々と新しく何か考えなきゃいけないわけですから、ボケ知らずです。

（外山滋比古『100年人生 七転び八転び』さくら舎による）

（注）地金…いつもは隠れて見えないその人の本質のこと

2 筆者が一番言いたいことは何か。

1 記憶力がいい人は、どれだけ年を取っても優秀である。
2 記憶力が落ちたとしても、考える力がある人はボケることはない。
3 中年になると記憶力が落ちるので、学生時代のように尊重されなくなる。
4 記憶頼みをやめなければ、本当の姿を現すことはできない。

❸

聞法と言う言葉、ご存知ですか。仏法(注1)を聴聞(注2)することです。

お釈迦さま(注3)の教えを聞くときの心得として道元禅師(注4)は「聞くときは経験を捨てよ」と説いたそうです。要は「初めて聞くという思いで聞きなさい」ということですね。

いや仏法などというと、浮世ばなれ(注5)した話と受け取られるかもしれませんが、誰の話を聞くときでもそうあるべきでしょう。この世で体験することは、同じようでも人それぞれです。

「ああ、そういう話なら」などと知ったかぶりをする人に、聞き出す力はまず望めないでしょう。

(近藤勝重『聞き出す力「まさか」「ウソでしょう」で秘密の話が聞ける』幻冬舎による)

(注1) 仏法…仏教の教え
(注2) 聴聞…話を聞くこと
(注3) お釈迦さま…仏教を初めて説いた人
(注4) 道元禅師…鎌倉時代に仏教を教えていた僧侶の名前
(注5) 浮世ばなれ…一般的なこととは違うこと

3 筆者が一番言いたいことは何か。

1 お釈迦さまの教えを聞くときは聞法をするべきだ。
2 同じような経験をした人の話を聞くべきだ。
3 聞き出す力を身につけるためには、仏法を聞くべきだ。
4 誰かの話を聞くときは、自分の経験を忘れて聞くべきだ。

❹

若手の制作者と話していると、「自分には才能がないので……」と自虐的(注1)に語る人を見かけます。才能というのは通常、生まれた時からその人に備わっている能力のことを指しますが、私は「才能とは、学び続けられることにあり」と捉えています。努力を努力とも思わず、ただ「この仕事が好きだから」と、まるで空気を吸うように日々学び続けているような人こそ、本物の才能の持ち主だと思います。「自分の仕事を好きになること」は自発的(注2)なことなので、決して人から教えられて身に付くものではないのです。

(佐々木健一『「面白い」のつくりかた』新潮新書による)

(注1) 自虐的…自分で自分のことを悪く評価すること

(注2) 自発的…自分で進んで何かをすること

④ 筆者の考えに合うのはどれか。

1 最近の若者は才能がない人が多く、学ぶことをいやがる傾向にある。
2 才能がある人はどのような仕事でも好きになることができる。
3 才能がある人とは自発的に学び続け、それをいやだと思わない人である。
4 人から教えられて初めて仕事を好きになることができる。

❺

通常の日本史は、縄文時代(注1)から始まり、江戸時代(注2)までを時系列的に淡々と学び、近代にいたってはサクッと(注3)知るだけだ。だが、いまの時代にとって大切なのは、むしろ明治(注4)・大正(注5)・昭和(注6)の時代ではないか。

だから、教科書もむしろ現代から始めてみる。いまこうなっている理由はここにあり……と遡り、そこから先に進めなくなったら現代にまた戻る。関連するものをつなぐことで歴史を編み直すのである。そのほうが学ぶ目的がある気がするし、いま自分たちが生きている実感も得られるように思う。

(小山薫堂『妄想浪費』光文社による)

(注1) 縄文時代…約1万2000年前〜2500年前

(注2) 江戸時代…1603〜1868年

(注3) サクッと…簡単に、早く

(注4) 明治…1868〜1912年

(注5) 大正…1912〜1926年

(注6) 昭和…1926～1989年

5 下線部「むしろ現代から始めてみる」のはなぜか。
1 縄文時代から歴史を遡ることで、すばやく理解できるようになるから。
2 今こうなっている理由が分かりやすく、学ぶ目的も明確だから。
3 明治・大正・昭和の時代は学校で勉強しなくてもいいから。
4 今を生きている実感を得るためには、時系列的に学ぶことが重要だから。

❻

1　日本人はあまり感情をストレートには出さないといわれますが、それは感情をコントロールすることに長けているということでしょう。たとえば葬儀においては宴席のような場が設けられ、そこで談笑できるようになっています。人の死は悲しみの極致であるはずなのに、そんな時でも談笑する余裕があるわけです。「武士は喰わねど高楊枝」という表現がありま
5　すが、日本では感情をあらわにすることが是とされてきませんでした。武士の心得が廃れても、世間の目を気にする日常の中で感情を巧みに操る術を見つけていったのです。

(島田雅彦『簡潔で心揺さぶる文章作法 SNS時代の自己表現レッスン』KADOKAWAによる)

(注1) 葬儀…葬式のこと
(注2) 宴席…大人数で食事をすること
(注3) 極致…これ以上ない状態
(注4) 談笑…笑いながらおしゃべりすること
(注5) 武士は喰わねど高楊枝…武士はたとえ貧しくて食べられなくても、食べたふりをすることが理想的だということ。そこから本当の感情を表に出さず、落ち着いた様子をしていること
(注6) 是…いいこと

6 筆者が一番言いたいことは何か。
1 日本人が感情をストレートに出さないのは、感情を出すことがよくないことだと思っていたからだ。
2 日本人はあまり感情をストレートに出さないので、何を考えているかわからない。
3 日本人はどんな時でも感情をコントロールできるようにトレーニングを日常的に行っている。
4 日本では葬儀で泣いたりせず、みんなと談笑してすごすことが一般的である。

❼

　この世の中で、結婚が必ずしも人生の「マスト」ではなく、結婚しないことが選択の一つとして定着していくのは望ましいこと。だが、「未婚」や「結婚しない」という「婚」にまつわるフレーズが強調され、結局、結婚するにしても、しないにしても、結婚が人生のターニングポイントであるかのようなニュアンスが残ると主張している。結婚の有無から詮索される問いそのものを、「うるさいわ！」と退けたい。

（武田砂鉄『今日拾った言葉たち』暮しの手帖社による）

（注1）マスト…必ず必要なもの

（注2）まつわる…関係する

（注3）ターニングポイント…人生の大きな変わり目

（注4）詮索する…さぐること

[7] この文章で筆者が最も言いたいことは何か。

1　結婚しないことを選択する人が増えていることは、非常に残念なことだ。
2　相手が結婚しているかどうかばかり気にすると、相手に嫌われてしまう。
3　人々が結婚に注目するあまり、結婚に関する新しい言葉が増え続けている。
4　結婚が人生の最も重要な目的であるかのような表現はやめるべきだ。

❽

　人間は本質的に、自然を求めるという性質を持っています。だからペットを飼う。動物って、自然そのものですから。でも、経済成長の名のもとに、せっせと自然を減らしてきたでしょう。都市化ってそういうものですよね。だから、街のなかに公園をつくったり、休日になれば郊外に出かけて行く。登山ブームなんて、その代表的な例でしょう。自然から遠ざかれば遠ざかるほど、自然への欲求がいや増す。それを満たしてくれる身近な存在として、ペットが重宝されるようになる、そういうことです。

（養老孟司『猫も老人も、役立たずでけっこう』河出書房新社による）

（注）いや増す…ますます多くなること

⑧ ペットが重宝されるようになるのはなぜか。

1　日本が経済成長しているから。
2　街のなかに公園をつくっているから。
3　ペットは身近な存在だから。
4　人間が自然から遠ざかっているから。

❾

　他者に迷惑をかけずに生きていくことができない以上は、もうそこは割り切ったほうがいいし、迷惑をかけることを恐れず、他人に助けてもらえばいいと思う。だれかに助けてもらうことによってドラマが生まれたりもする。失敗することも自分の人生というドラマの一要素なのだから、失敗も含めて楽しんでいけばいいのではないだろうか。

　テレビドラマだって、全編ただ幸せなだけのドラマなんてつまらない。途中で突き落とされる展開があるからおもしろいし、そこからの這い上がりも楽しめるのだ。

(ヨシダナギ『しれっと逃げ出すための本。』PHP研究所による)

⑨ 筆者の考えに合うのはどれか。

1　他者に迷惑をかけずに生きていくことが大切である。
2　誰かに助けてもらうことで、迷惑をかける心配がなくなる。
3　失敗のない人生などないのだから、気にせず楽しめばいい。
4　テレビドラマはただ幸せなだけのものが多く、つまらない。

内容理解（中文） （答え：別冊p.19〜27）

次の❶から❿の文章を読んで、後の問いに対する答えとして最もよいものを、1・2・3・4から一つ選びなさい。

❶

あの人は本心では私のことをどう思っているのか。恋愛の対象なのか、ただの友だちなのか。相手の真意がつかめない。だから不安になるし、自信が持てない――。コミュニケーションにおける読解を語る上で、いつの時代も変わらない超普遍的なテーマとなるのが恋愛です。

恋愛における悩みや不安、感情の行き違いなどは、その多くが二人の、もしくはどちらかの①読解力不足によって引き起こされるといっていいでしょう。「考えてみれば、あのとき『好き』のサインが出てたかも。なのにそれをスルーして勝手に『気がない』と思い込んでた。ああ、もったいない」といった失敗談も耳にします。

とくにテレビや映画の恋愛ドラマは、心が読めずにすれ違う男女が、次第に互いの気持ちに気づいて心の距離を縮めていく感情読解のプロセスがいちばんの見どころ、盛り上がるポイントになります。

恋愛ドラマが若い人たちの独壇場なのも、若さゆえの自己中心的な感情の読み違いがドラマチックな展開の必須ファクターになっているからでしょう。これが年齢を重ねた大人同士だと、お互いに読解力が備わっているため、互いの気持ちが容易に想像できて、②ドラマとしてはやや物足りないわけです。

（齋藤孝『大人の読解力を鍛える』幻冬舎新書による）

1 ①読解力とはどういうことか。

1 恋愛における悩みや不安と向き合うこと
2 コミュニケーションに自信を持つこと
3 相手の感情を理解すること
4 失敗談から学ぶこと

2 ②ドラマとしてはやや物足りないとあるが、それはなぜか。

1 大人同士の場合、読解力不足による感情の行き違いが生じにくいから。
2 大人と若い人たちとでは感情読解のプロセスが全く異なるから。
3 読解力が高くなるにつれて、ドラマの展開が容易に理解できてしまうから。
4 ドラマチックな展開となる恋愛ドラマは若い人たちしか見ないから。

3 この文章の内容として最も適切なものはどれか。

1 感情の読み違いこそ恋愛の盛り上がる点なので、読解力は高くないほうがいい。
2 読解力が高い人ほど、恋愛におけるドラマチックな展開が起こりやすい。
3 読解力を向上させることで、感情の行き違いを減らし、恋愛の悩みや不安を軽減できる。
4 いつの時代も恋愛のことになると読解力が低下し、心の行き違いが生じがちである。

❷

利他的(注1)な行動には、本質的に、「これをしてあげたら相手にとって利になるだろう」という、「私の思い」が含まれています。

重要なのは、それが「私の思い」でしかないことです。

思いは思い込みです。そう願うことは自由ですが、相手が実際に同じように思っているかどうかは分からない。「これをしてあげたら相手にとって利になるだろう」が「これをしてあげるんだから相手は喜ぶはずだ」に変わり、さらには「相手は喜ぶべきだ」になるとき、利他の心は、容易に相手を支配することにつながってしまいます。

つまり、利他の大原則は、「自分の行為の結果はコントロールできない」ということなのではないかと思います。やってみて、相手が実際にどう思うかは分からない。分からないけど、それでもやってみる。この不確実性を意識していない利他は、①押しつけであり、ひどい場合には暴力になります。（中略）

利他についてこのように考えていくと、ひとつのイメージがうかびます。それは、②利他とは「うつわ」のようなものではないか、ということです。相手のために何かをしているときであっても、自分で立てた計画に固執(注2)せず、常に相手が入り込めるような余白を持っていること。それは同時に、自分が変わる可能性としての余白でもあるでしょう。この何もない余白が利他であるとするならば、それはまさにさまざまな料理や品物をうけとめ、その可能性を引き出すうつわのようです。

（伊藤亜紗「「うつわ」的利他―ケアの現場から」伊藤亜紗編『「利他」とは何か』集英社新書による）

(注1) 利他的…相手の利益を優先すること
(注2) 固執する…こだわること

4 ①押しつけであり、ひどい場合には暴力になりますとあるが、なぜか。

1 「私の思い」を込めて、相手の利になる行為をしているのに、伝わらないから
2 実際にやってみても、相手が実際にどう思っているかは分からないから

3 相手が利他の心を利用して、行為の結果をコントロールしようとするから

4 相手にとって利になるだろうという思い込みが強く、相手の思いを考えないから

5 ②利他とは、「うつわ」のようなものとあるが、どういうことか。

1 相手が実際にどう思っているか確かめること

2 相手を支配しようとすること

3 自分の行為の結果をコントロールすること

4 お互いの思いを受け止められる余白があること

6 この文章の内容として最も適切なものはどれか。

1 相手が喜ぶことをすれば、必ずその気持ちは相手に伝わる。

2 私の思いを押しつけることは暴力であり、やってはいけないことだ。

3 私の思いだけでなく、相手の思いを取り入れる余裕を意識するべきだ。

4 相手にとって利になることは、自分にとっても利になって返ってくる。

❸

こうした高齢者の身の上を考えると、明るく生きている高齢者は本当にタフで凄いと、私は思わずにはいられません。街角ですれ違う高齢者たちだって、少なくない死別を経験し、自分自身のアイデンティティの構成要素と言えるものを失ってきたことでしょう。健康を失い、肉体的ハンディキャップを抱えながらも何者かでい続けられる高齢者や、インターネットを巧みに使いこなして活躍している高齢者などは、本当はとても凄い人々なのではないでしょうか。

昭和時代の高齢者に比べると、令和時代の高齢者は見た目が若く、死別を経験している度合いもいくらか低いでしょう。それでも彼らとて何度か死別を経験し、①自分自身の構成要素だったはずのものを失い、きっと中途中途で新しく構成要素を拾い集めながら生きてきたサバイバーには違いありません。

少子高齢化が進み、テクノロジーの進歩によって高齢者ならではの知恵やノウハウが時代遅れになっている昨今は、高齢者に対する風当たりは強くなっていると感じます。そうした時代のなか、②高齢者を敬うこと、高齢者に配慮することも難しくなっています。

しかし、アイデンティティの観点から見た高齢者とは、たくさんの喪失を経験してもなお何者かでありつづけてきた凄い人、または何者かになりきれなかったとしてもそこまで生き続けてきた、年の功が感じられる存在だと私は思います。

(熊代亨『何者かになりたい』イースト・プレスによる)

(注1) ハンディキャップ…障害のこと
(注2) 昭和時代…1926～1989年
(注3) 令和時代…2019年～現在
(注4) サバイバー…苦しい場面を乗り切って生き残っている人
(注5) 年の功…年を取って経験が豊かであること

7 ①自分自身の構成要素とあるが、どのようなものか。

1 明るい性格
2 若々しい見た目
3 家族や友人など近しい人
4 生活の知恵やノウハウ

8 ②高齢者を敬うこと、高齢者に配慮することも難しくなっていますとあるが、それはなぜか。

1 今までに何度も死別を経験しているから
2 インターネットを巧みに使いこなして活躍しているから
3 自分自身のアイデンティティの構成要素と言えるものを失っているから
4 高齢者ならではの知恵をもって活躍する場がなくなってしまったから

9 筆者は高齢者に対してどのようにとらえているか。

1 何度も自分自身の構成要素を失う経験をしていても、アイデンティティは失わない高齢者は素晴らしい存在である。
2 高齢者は健康を失い、肉体的ハンディキャップを抱えながらも生きているのだから、もっと配慮するべきだ。
3 少子高齢化が進んでいるため、若者よりも高齢者が死別を経験している度合いが高いことは仕方がないことだ。
4 もはや高齢者の知恵は時代遅れであるから、高齢者ほどインターネットの使い方など新しいものを学び、取り入れるべきだ。

❹

1 普段から、いろいろなものが混じっている中で暮らしていれば、その違いは気になりません。しかし、同質のものの中で暮らしていると、異質なものに気づきやすくなります。

異質であると思うだけならいいのですが、異質であることは悪であり、間違っていると思

う人が多い点に、大きな問題があります。自分と違うもの、異質なものは間違っているので、どうにか自分が正しいことに同意をさせようと圧力をかけるのです。

　もし相手が、その圧力に屈しなければ、暴力的ともいえるほど攻撃します。昨今よく見られる過剰な"○○警察"は、まさに正義の名を語る同調圧力と言えるでしょう。

　正義には大義名分(注)があるので、①自分のしていることを正当化できます。なにせ相手が間違っているのだから、正しいことを教えてあげている自分は正しいと思えるのです。

　また、ネット空間では、どんなに極端な正義であっても、一定数の「いいね！」をもらえます。「いいね！」は称賛ですから、自分の正義が認められた、自分は間違っていないと確信を強めることができます。

　そして、称賛され、共感されることで、社会と一体感を感じることができます。

　ここで指す社会は、自分がいる同質な人の集まりでしかないのですが、そこに自分の居場所があると思い、その居心地のいい場所を守りたいと思います。

　自分の居場所を脅かすのは異質な存在です。異質な存在を排除するために、②正義はとても都合のいい手段となるのです。

（安藤俊介『アンガーマネジメントで読み解く　なぜ日本人は怒りやすくなったのか？』秀和システムによる）

（注）大義名分…ある行為を行うための正しい理由

10　①自分のしていることとは、何を指しているか。

1　異質なものに気づくこと
2　同質のものの中での暮らし
3　異質なものに対する攻撃
4　相手からの圧力に屈すること

11　②正義はとても都合のいい手段となるとあるが、どういうことか。

1　正義を使えば相手を攻撃する行為を正当化できる。
2　正義があればネット空間で一定数「いいね！」をもらえる。
3　正義によって社会と一体感を感じることができる。
4　正義のおかげで異質なものに気づくことができる。

12 この文章で筆者が言いたいことは何か。

1 異質な存在に自分が正しいことを同意させようと圧力をかけても無駄である。

2 居心地のいい場所を守るためには、異質な存在を排除しなければならない。

3 同質の中だけで生きていると、異質なものは悪であるという考えになりやすい。

4 同質、異質に関わらず誰もが社会と一体感を感じられるようになるべきだ。

❺

　いまや、心を動かされる感動体験などに人々がお金を支払う、そんな時代に突入しているという言い方をする人もいます。

　気がつけば、ゲームやアプリ、マンガやアニメ、キャラクターなどにおこづかいをもっとも使っている……、あなたもそんなひとりではありませんか?

　楽しい、すっきりする、感動できる、という商品に、です。

　もちろんそれ自体が悪いことではありません。しかし、心や感情という商品には①特殊性があるのです。食品、家具などモノそのものの商品は、できあがるまでの作業の過程も見えやすく、その価値や価格について、誰でもある程度納得する基準がありますよね。

　しかし、心の領域が商品になっているものは、②その基準がほんとうに難しいのです。

　たとえば、アイドルなどのイベント、フェスなどと呼ばれるイベント。盛り上がる楽しさに魅かれて、そのチケットを数十万円の価格でも買いたいという人もいれば、まったく関心がない人には価値そのものが生じませんよね。

　いわゆる「感動体験」という商品は、その価値が、人の主観に大きく依存します。一時的な高揚感(注1)、熱狂(注2)などが商品となって、その商品価値を高めていくほどに、市場での価格も吊り上がり、価格の上昇そのものが価値を示すという現象が生まれます。

　現代のネット社会で広がる「感情」と言う商品、「共感」「泣ける」「すっきり」などの商品は、人々の不確かな、ゆれる心が生む「言い値」となりやすいのです。

（丸山俊一『14歳からの個人主義・自分を失わずに生きるための思想と哲学』人和書房による）

（注1）高揚感…気持ちがとても盛り上がっている状態
（注2）熱狂…とても興奮している状態

13 ①特殊性とはどういうことか。

1 誰もが納得する基準がはっきりしていること

2 対象がゲームやアプリ、マンガやアニメ、キャラクターであること

3 できあがるまでの作業の過程がはっきりしていること

4 人によってその価値が大きく変わること

14 ②その基準がほんとうに難しいのですとあるが、それはなぜか。

1 人の主観によって商品の価値が異なるから。

2 アイドルのイベントに数十万円も払えないから。

3 イベントが盛り上がるかどうか不確かだから。

4 市場価格がコントロールされて吊り上がったりするから。

15 筆者は「感動体験」についてどのようにとらえているか。

1 感動体験にお金を支払うことは意味がないことだ。

2 感動体験にも誰もがある程度納得する基準を作ったほうがいい。

3 感動体験は人の主観に依存した実態のない商品である。

4 現代では感動体験でしか「共感」「泣ける」「すっきり」という感情を得ることができない。

❻

現在の科学技術社会は、機械論に基づく価値観、つまり進歩こそよい社会をつくるという考え方で動いてきました。目的は「より便利にすること」です。しかし今や「人間は生きもの」であるという事実が科学で証明され、しかも便利（効率よく、手を抜き、思い通り）は生きもののありようとは合わないことがわかりました。生命論で考える必要が出てきたのです。便利をすべて否定することはありません。便利な機械を上手に使いこなすことは必要です。でも社会の価値観を進歩におき、①生きものである人間にもそれをあてはめてはいけないでしょう。

進化によって多様化し、それらが共生するのが生きものなのですから、②そのような生き方を支える技術を開発し、生きものが生きやすい社会にしていきたいものです。

人間は、「私たち生きものの中の私」として、多様な生きものたちと共に循環の中で生きるのがよいと生きものたちが教えてくれています。生きることは時間を紡ぐことですから、今を生きることを大切に、一つ一つの過程をていねいに重ねていくことです。ただ急いでも意味がありません。知識を素早く覚えようと競争するのではなく、事実をよく見つめ、疑問を持ち、自分で考えることによって、新しい考え方を生み出しましょう。

（中村桂子『科学はこのままでいいのかな―進歩？いえ進化でしょ』筑摩書房による）

（注）時間を紡ぐ…時間が進む

16 ①生きものである人間にもそれをあてはめてはいけないでしょうとあるが、なぜか。

1 便利な機械を生み出すことができるから
2 便利であるという点のみに価値を持っているから
3 便利であるということと生きものの生き方は合わないから
4 社会の価値観が進歩こそ良い社会を作るという考え方に基づいているから

17 ②そのような生き方とは、何を指しているか。

1 便利なものを追い求めること
2 便利な機械を上手に使いこなすこと
3 事実を科学で証明すること
4 多様な生きものたちと共生すること

18 この文章で筆者が言いたいことは何か。

1 人間の本来の生き方は、便利さを重視するのではなく、多様な生きものたちと共生することだ。
2 人間が便利な技術を生み出し続けたことで、生きものの多様性が失われ、環境に影響を与えている。
3 現在の科学技術を使って、生きものが生きやすい社会を支える便利な技術の開発を進めるべきである。
4 効率が求められる仕事はすべて機械に任せて、人間は一つ一つの過程をていねいに見つめて生きることが大切だ

❼

1 　何の技術もなく取られたメモは、時間がたつと、自分で見ても意味がわからないものになります。そのうえ、内容を思い出すために時間を奪われ、仕事が遅れ、ストレスになる。「だったらメモなんか見ないよ！」。それが本音だと思います。でも、なぜそうなるのか？

　　実は、メモが腐るからです。

5 　メモには鮮度があり、フルーツや魚のように、時間がたつと腐るのです。新聞記者という職業はメモをたくさん取りますが、メモを取った後、時間を空けずに見返して記事を書きます。つまり、鮮度抜群のメモを読むわけです。

　　そのときのメモには、自分がメモを取ったときの「記憶」が残っています。だから、多少、文字が読めなくても、どういう意図で書いたか、どういう内容だったかを、記憶が補ってく

れる。つまり「記憶+メモ」で、十分に役立つ情報になるわけです。

　ところが、時間がたつと、書いたときの記憶が薄れます。だからメモを見ても、どういう意図で書いたかわからなくなるのです。

　これまで、メモを見返して「わからない！」と思った経験のある人は少し思い出してください。きっと、そのときは、メモを書いてから時間がたっていたと思います。

　つまり、そのメモはもう腐っていたのです。腐った情報なので読み取れなくてもしかたがないというわけですね。

（小西利行『仕事のスピード・質が劇的に上がる　すごいメモ。』かんき出版による）

19　メモが腐るとあるが、どのような状態か。

1　メモを何の技術もなくとった状態
2　時間がたって、役に立たなくなった状態
3　仕事が遅れ、ストレスになる状態
4　どういう意図で書いたのか相手に伝わらない状態

20　メモの内容がわからなくなる理由は何か。

1　メモを取った経験がなかったから
2　書いたときの記憶が薄れるから
3　文字が読めなくなっていたから
4　時間を空けずに見返したから

21　メモが十分に役立つ情報になるためには、どのようなことをするべきか。

1　読みやすい文字で、どういう内容だったかをわかりやすく書くこと。
2　記憶力を高め、時間がたっても記憶が薄れないようにすること。
3　メモを取るための特別な技術を身につけること。
4　メモを取ってから、すぐに見返して情報を取り出すこと。

❽

　コピーというと、ちょっと前に博士論文や卒論をよそからコピー＆ペーストして提出した件が話題となりました。最近ではオリンピックの公式エンブレム(注1)を発端として、デザインをコピーしたかどうかが大きな話題となりました。でも、①これからお話しするコピーは、これらとは少し事情が違います。いうなれば"アイデアを学ぶためのコピー"です。

5　たとえば同じように論文をコピーするにしても、コピペするのではなく、自分の手を使って文章を書き写す。こうすることで、先人たちが築いてきた論文の作法や論理構成を学ぶことができるのです。

　よく、文章を書く職業の人も、好きな作家の文章をそのまま書き写したりしますよね。②あれも、たとえば最初に結論を書き、その後で詳細を述べていく、といった構成手法や、効
10 果的な言葉使いなどを学ぶのに「コピー」がうってつけだからです。もちろん、コピーしたものを提出したり発表したりしてはいけません。

　そもそも、わたしたちがいま使っている言葉自体が、決して自分が編み出したアイデアではありませんよね。お母さんがしゃべっているのを耳で聞き、それを真似していつの間にか話せるようになったものです。このように人間の脳は、何かを模倣することで新しいことを身
15 につけるというのが基本プロセスとなっているので、新しいアイデアを生むにも"真似"から入るのが王道なのです。

(中野信子『あなたの脳のしつけ方』青春出版社による)

(注1) エンブレム…大会を象徴するマークのこと

(注2) 発端…きっかけ

(注3) うってつけ…ちょうどいいこと。最適であること。

22 ①これからお話しするコピーは、これらとは少し事情が違いますとあるが、「これからお話しするコピー」と「これら」とはどのような点が違うか。

1　自分のアイデアとして発表するためにコピーしたものと、アイデアを学ぶ方法としてコピーしたもの。

2　大きな話題にするためにコピーしたものと、自分が編み出したアイデアを書き写したもの。

3　論文の作法や論理構成だけをコピーしたものと、好きな作家の真似をして近づくためにコピーしたもの。

4　パソコンを使ってコピー＆ペーストしたものと、自分の手で文章を書き写したものの。

23 ②あれとは、何を指しているか。

1　博士論文や卒論をよそからコピー＆ペーストして提出した件

2　デザインをコピーした件

3　先人たちが築いてきた論文の作法や論理構成

4　好きな作家の文章をそのまま書き写したりすること

24 筆者はコピーについてどのように考えているか。

1 人のアイデアを盗む許せない行為である。
2 真似してばかりだと自分で新しいアイデアを編み出せない。
3 コピーを繰り返していけば、いつの間にかできるようになる。
4 新しい技術などを学ぶためには効果的な手段である。

❾

　病気というのは、時間が解決するという部分がずいぶんあると思う。病気の原因がわかり、それを治すために正面から立ち向かっても、原因は多岐にわたる(注1)ことが多い。

　正面から取り組むことは必要である。でも人間の考えは万能ではないから、正面というのが、本当に正面なのかどうかわからないこともある。そんなときは、あとはもう時の流れにまかせようと、その正面から外れてみる。

　考え方によっては、これは逃げたと思われ、それを恥じるためなおも正面に固執(注2)する、ということもある。

　この辺の揺れをどう見るかは難しいところだが、ぼくは、とくに歳をとってから、時の流れに身をまかすことが多い。

　時の流れとは、自然の流れのことだ。これはかなり①日本的なやり方だと思う。四季があり、今年は畑に失敗したけど、また来年種を蒔けばいいというような、その感覚が体の底の方にある。

　西洋的な、理詰め(注3)の考えでは、それはいいかげんだとなるのだろうが、でもとりあえず放っておく、棚上げ(注4)にする、ということでそこを離れ、しばらくして気がつけば、②納まるところに納まっていることが多い。体にもその傾向はある。

　といっても、ただ放っておくのは難しい。それをそれとして棚上げするには、何かもっと別の興味ある事柄を見つける必要がある。

　その別のことに夢中になっている間に、時を忘れ、ふと気がつくと、かつての難題が納まるところに納まっている。そういう自然の力に気がつくことは大切なことだと思うのだ。

（赤瀬川原平『健康半分』デコによる）

（注1）多岐にわたる…さまざまである

（注2）固執する…こだわること

（注3）理詰め…論理などを使って物事を考えること

（注4）棚上げにする…問題解決を今しないで、先延ばしにすること

25 筆者によると、①日本的なやり方の特徴とは何か。

1. 病気を治すために、正面から取り組むこと
2. とりあえず何もしないで自然の流れに任せること
3. 本当の正面はどこなのか考え続けること
4. 他人に逃げたと思われないようにすること

26 病気について、筆者の考えに合うものはどれか。

1. 病気の原因は多岐に渡るので、さまざまな方面から取り組む必要がある。
2. 別の興味ある事に夢中になっていれば、自然の力で必ず治っている。
3. 病気を治すのは医者の仕事だから、何もしないで自然に身をまかせるべきだ。
4. 考えてばかりいても仕方がないので、いったん何も考えないようにするのがいい。

27 筆者によると②納まるところに納まっているとはどのようなことか。

1. 病気を自然に受け入れ、何とかなると考えられるようになること
2. 夢中になった事柄が上達して、病気のことを忘れてしまうこと
3. 時間をかけることで病気の原因が特定されること
4. 難しい病気が簡単に治療できるようになること

⑩

1　最近の若者は我慢を知らない、いやになるとすぐに離職してしまうなどとよく言われる。このエッセイでも繰り返し書いているとおり、昔の人は我慢強かったというのは、我慢して働いていれば雇用が保証されたし、給与が上がっていったという理由が大きい。無能な上司の罵詈雑言(注)に耐え、飛び込み営業など、いじめに近いような仕事を我慢して続けても、
5　給与は上がらないし、会社によっては、また雇用形態によってはいつ解雇されてもおかしくないという状況がある。

　だが、まったく我慢しない、我慢できない人は、社会生活ができないだろう。結婚も無理かも知れないし、恋愛もできないかも知れない。わたしも我慢するときがある。それは、他人とのコミュニケーションにおいてだ。この人にはどうにかして自分の意を伝えなければ
10　ならないが、いまだ伝わっていないし、そのために不快な思いをしていて傷ついてもいるし、今後も伝わるという保証などない、という場合でも、わたしは我慢してコミュニケーションを続ける。もちろん、コミュニケーションを図るにふさわしいと考える相手に限られるが、わたしは「切れる」ことがないし、あきらめることもない。おそらく、「コミュニケーション」

によって、わたしはこれまでサバイバルしてきたのだろう。

15 「これを我慢しないと生き延びることができない」少なくとも、そういった場合に限っては、我慢には、意味がある。

(村上龍『ラストワルツ』ベストセラーズによる)

(注) 罵詈雑言…汚い言葉で、相手の悪口を言うこと

28 筆者によると昔の人にはどのような傾向があったか。

1 仕事がいやになると、すぐに辞めてしまっていた。
2 上司からのひどい攻撃やいじめなどが当たり前にあった。
3 頑張って仕事をしていれば、安定して働くことができた。
4 給与は安く、いつ解雇されてもおかしくなかった。

29 我慢について筆者の考えに合うものはどれか。

1 我慢は生き延びるためになくてはならないものである。
2 我慢ができる人しか社会生活を送ることができない。
3 我慢しながらコミュニケーションをする必要はない。
4 我慢を知らない若者はかわいそうである。

30 この文章で筆者が言いたいことは何か。

1 我慢していれば、社会生活や他人とのコミュニケーションも必ず上手くいく。
2 最近はまったく我慢できない人が増えているので、昔の人の我慢強さを見習うべきである。
3 全てを我慢する必要はないが、自分が重要だと思うことに対しては我慢するべきである。
4 我慢できない人でも、安心して社会生活を送ることができる社会にしなければならない。

主張理解（長文） （答え：別冊p.28〜30）

次の❶〜❸の文章を読んで、後の問いに対する答えとして最もよいものを、1・2・3・4から一つ選びなさい。

❶

1　たとえばわたしは、自分が長く着た服、使っているタオル、食器、文具などが好きです。具体的に言うと、消しゴムを最後まで使い切ったり、タオルをぼろぼろになるまで使うことが好きです。ずっと使っている紅茶用のポットとマグカップを、重曹(注1)できれいにみがくと、とても幸せな気持ちになります。（中略）

5　こういう気持ちを愛着というのではないかと思います。辞書には、「今まで慣れ親しんだものとは離れたくないと思う心」とありました。慣れ親しむ、という状態には、それこそ時間の長さや、気持ちを持つ側の個人と対象の相性など、いろいろな要素が含まれています。どちらかというと、その対象が「誰から見ても良いものと思えるか？」ということよりは、もっと一対一の気持ちのやり取りを尊重したもののように思えます。他の物と比べてそれはどう

10　か？　という厳しい目線はあまり含まないのが、愛着という感情や、慣れ親しむという行為の特徴の一つなのではないでしょうか。

　傍にあるもの、自分の手に回ってきたものに慣れ親しんで、愛着を持つということは、実はとても大事なことなのではないか、と最近思うようになりました。インターネットが普及している今の時代には、容易に「わたしの持ち物とあなたの持ち物」を比べられるようになり、明確に、その差が数値によって表されるという場合さえあります。他の人より良いもの、

15　お得なものを持とうとしたら、きりがありません(注2)。だからこそ、愛着という感情の不思議さや自然さが、興味深い、自助を促す(注3)感情であるように思えてくるようになりました。なにしろ、とても個人的な気持ちなので、対象を比べ合うことはできないのです。「これは長年傍にあるものだから好き」という単純な思いを否定できる言葉はありません（だからこそ、慣れ親しんだ苦痛や不便さを手放すことは難しい、と以前にも書いたのですが）。この感情は、町

20　や物だけではなく、人間関係にも適用できるものだと思います。「彼女はいい子だ（わたしの友達だから）」「夫はいい人だ（わたしの家族だから）」という程度の気持ちと根拠のバランスは、とても健全なものなのではないでしょうか。

　愛着という気持ちは、「親ばか」みたいなものではないか、とも思います。親ばかだから、

25　その根拠を示して他人をうらやましがらせようとムキにならなくてもいいのです。その人自身が、

親ばかを認めてさえいれば、心の中でその対象はちゃんと支えになってくれるのですから。

(津村記久子『くよくよマネジメント』清流出版による)

(注1) 重曹…$NaHCO_3$のこと。掃除などに使われる

(注2) きりがない…終わりがない

(注3) 自助…自分で自分を守ること

[1] 筆者は、「愛着」についてどのように考えているか。

1 誰から見ても良いものであるという価値が愛着を強くする要因になる
2 現代では、自分のものに慣れ親しんで、愛着を持ち続けることは難しい
3 明確に、自分の持ち物と他人の持ち物の差が数値化されて初めて理解できる
4 誰にも認められなくても長年傍にあるものだからというだけで理由になる

[2] この文章で筆者が言いたいことは何か。

1 愛着の程度は、そのものにどれくらい長い時間慣れ親しんでいるかによって決まる。
2 自分にとって慣れ親しんでいるから好きだと思えるものであれば、他人の持ち物と比べる必要はない。
3 愛着とは、他のものと比べてそれはどうか、という厳しい目線は一切もたない完全に個人的な気持ちによるものだ。
4 心の中で愛着のあるものが支えになるためには、まず自分自身を親ばかであると認めなければならない。

[3] 筆者はなぜ今の時代に愛着を持つことが大切だと感じているか。

1 ずっと傍にあって慣れ親しんでいるという感情が大切だから
2 他の人より良いもの、お得なものを持った人が勝つから
3 自分と他の人のものの差がはっきりと数値で表されるから
4 他の人に愛着を持っている根拠を具体的に説明しなければならないから

❷

1　食事をする際に箸の使い方を気にしないように、母語は身に付いた言葉であるがゆえに私たちには「日本語を話している」という自覚が生じにくいと言えます。無自覚にしゃべっても互いの話が通じてしまう。それがかえって問題を引き起こすのは、なまじ日本語がしゃべれるだけに「きっとわかってくれるはず」と自分の期待に寄せて解釈してしまうからです。

5　日本語を話すことが覚束ない人を相手にするのであれば、「この言い回しでわかってくれるかな」と意を尽くして話そうとするでしょうし、相手の話をちゃんと理解しようと身を乗り出しもするでしょう。こうした姿勢は相手と自分との間に距離があるという自覚がもたらします。距離感を保つことは違う文化背景を持つ相手への敬意にもつながります。そうであれば日本語を滑らかに話せる人を相手にしても、①この態度は保てないものでしょうか。

　10　自分の経験からは見たことのない振る舞いを目の当たりにした。そこに異なる文化やその人独自の考えを見て取ることができれば、すぐさま「迷惑」「おかしい」「まともではない」「ワガママ」と片付けずに済みます。

　　　私たちがこれまで馴染んできた「空気」に基づいてものごとを理解し、人との関係を取り結ぶやり方は、みんなの意見や考えに共感し、同調する場合においてあなたを尊重する、
　15　というものでした。

　　　ですが、本当は同じ言葉をしゃべっていても、私やあなたはそれぞれが独自の生き方をしてきました。それに基づいて話をするのですから、それぞれが②特有の文法に基づいてしゃべっているはずです。

　　　迷惑とワガママを判断の基準にすると見えなくなるのは、私たちが持っている独自の文法
　20　の価値です。誰かと同じようにしゃべらなくてもいい。ただそれだけのことが自分を表現することになり、抱えた恐怖と呪いから解放されて生きることになるのではないでしょうか。

（尹雄大『モヤモヤの正体 迷惑とワガママの呪いを解く』ミシマ社による）

（注1）なまじ…中途半端に
（注2）覚束ない…あまり上手に話せない状態

4　①この態度とは、どのようなことか。

1　自分の期待に寄せて解釈すること
2　日本語を話しているという自覚を持つこと
3　違う文化背景を持つ人と距離を取ること
4　相手に敬意を持って話をすること

5　筆者は、②特有の文法について、どのように考えているか。

1　人は経験に基づいた独自の文法を持っているので、同じ言葉を使っていても相手が同じ文法を理解できるわけではない。
2　日本語の文法は独特なので、異なる文化の人にとって、理解することはかなり難しい。

3 空気に基づいてものごとを理解できるようになれば、個人が持つ独特の文法の理解が進むようになる。

4 迷惑とワガママを判断の基準にすると、私たちが持っている独自の文法の価値はないということがわかる。

6 筆者の考えに合うものはどれか。

1 日本語が話せるようになれば、どんな人とでも分かり合える。

2 「迷惑」や「ワガママ」と思われることは言わない方がいい。

3 みんなの意見や考えに共感し、同じことを話すことが良いわけではない。

4 どれだけ努力しても異なる文化背景を持つ相手を理解することはできない。

❸

はずかしがりやの人は、自分が考えていることがわかったら他人は自分を好きにならないと考えていると、アメリカの心理学者ジンバルドーは言う。しかしこれはむしろ逆なことが多い。考えていることがわかったほうが愛されるかもしれない。そのほうが愛される可能性がある。

その人が誤解しているのは、立派なことを考えていなければ愛されないと思いこんでいることである。むしろ自分が考えていることがわかったら、自己実現している人はあなたのことを、「可愛いことを考えている」と言うかもしれない。すなわち「そんな無邪気なことを考えているのは可愛い」ということになるかもしれないのである。

たとえば犬が自分の好きな食べ物を見つけてどこかに隠す。それを見て犬の好きな人は、「可愛い」と言う。しかし犬の嫌いな人はそうは感じない。

はずかしがりやの人は、人が人を好きになるということがどういうことか理解できないのである。人が人を好きになるというのは、なにも相手が立派なことを考えているからではない。勝手なことを考えていても好きになる人は好きになる。勝手なことをしていても好きになる人は好きになる。（中略）

要するに、はずかしがりやの人は、自分に自信がない。さらに愛されるということがどういうことであるかが理解できていない。

出来が悪い子ほど可愛いという格言があるように、愛されるためには出来がいい必要はない。しかしはずかしがりやの人はもともと愛されるということがどういうことだか知らないので、こう感じるのである。

すぐれているから愛されるということは、本当の意味で「愛される」ということではない。

はずかしがりやの人は、本当の意味で愛を体験していないのである。

　そしてまた、親しくなることを恐れるということは、甘えを知らないということでもある。こんな自己中心的な自分でも、相手は自分を愛してくれるというのが甘えである。甘えが満たされないまま、甘えを自分のなかから排斥(はいせき)している。

　したがって、心の底の底では相手に甘えたい。しかし甘えては嫌われると思っている。そこで甘えたいけれど甘えを排斥(はいせき)したつきあいをしている。だから誰とつきあっても、人とつきあう喜びを体験することができない。

（加藤諦三『無理しないほうが愛される　自分には「自分の生き方」がある』三笠書房による）

（注1）格言…人生などに役立つ教えや考え方を短くまとめたもの
（注2）排斥(はいせき)する…受け入れず、取り除くこと

7 はずかしがりやの人の傾向にはどのようなものがあるか。
1　他人が考えていることを全く理解できない。
2　いつも自己中心的で、勝手なことをしている。
3　自分に自信がなく、他人に甘えたくても甘えられない。
4　他人から可愛いと思われることばかりを考えている

8 筆者によると、他人から愛されるきっかけとしてどのようなことが考えられるか。
1　自分が考えていることを隠さないこと
2　立派なことを考え、すぐれていること
3　心の底から相手に甘えること
4　人とつきあう喜びを体験すること

9 出来が悪い子ほど可愛いという格言があるとは、どのようなことか。
1　出来が悪い子ばかり可愛がられて得をし、出来がいい人は可愛がられず、損ばかりするということ。
2　自分の出来ないところ、よくないところを隠さないことで、誰かに可愛いと思われ、愛されるということ。
3　出来が悪い子を可愛がって、より立派な大人に成長させなければならないということ。
4　出来が悪い子だから、せめて可愛くらいなければうまく生きていけないということ。

統合理解 Integrated comprehension

ポイントと例題

💡 主に2つの文章を読み比べて、2つを比較したり統合したりしながら理解できるかを測る問題である。
ひとつひとつの文章は300字程度の短いものになっている。

例題

A

1　私が子どものころ、親や先生は怖かった、という印象がありました。特に私の両親は厳しい人で、テストでいい点をとっても「がんばった」、「すごい」などの言葉は一切ありませんでした。最近は、子どもに対して、「すごいね」、「よくやったね」といった前向きなことばをかけている親の姿をよく見ます。そして、子どもはうれしそ
5　うに笑っています。その姿を見て、私は本当は親にほめられたかった、寂しかったんだという気持ちがあることに気付きました。厳しかった両親のおかげで、私は勉強でも仕事でもいい成績を残せています。しかし、誰かにほめられても、素直に受け止められないんです。子どものときに、両親がほめてくれていたらもっと自信がある前向きな人になっていたはずだ、と思えてなりません。だから、小さいお子
10　さんを持つ親御さんは、いいと思ったことはなんでもほめてあげてください。

B

1　今、育児書だけではなくテレビや新聞でも、子どもをしかるのではなく、ほめて育てよう、ということばを耳にするようになりました。子どもをほめて育てれば、素直で前向きな子に育つと言われています。それについては、疑う点はありません。しかし、逆を言えば子どもをほめ続けなければ、いい子には育たないと言われてい
5　るような気がします。その結果として、子どもをほめて育てたいけれども、どうほめればいいのかわからない、子どもをしかってはいけないと悩む方が増えてしまうのではないでしょうか。また、子どもがほめられたいから親の言うことを聞く、親が喜びそうなことしかしないということになりはしないでしょうか。子育てで一番大切なのはバランスだと思います。親からほめられるだけの子ども、子どもをほめる
10　だけの関係がすばらしいと勘違いしてしまう人がいないことを願っています。

① 子どもをほめることについて、AとBで共通して述べられていることは何か。

1　子どもをほめることは、どの親にとっても難しいことである
2　子どもをほめない厳しい親であればあるほど、子どもの頭はよくなる
3　子どもをほめることで、子どもは素直で前向きな性格になる
4　子どもは親にほめられたいから、どんどんいいことをしようとする

② 最近の親と子どもの関係についてAとBはどのように述べているか。

1　AもBも、未だに子どもをほめて育てる方法が一般的になっていないと述べている。
2　AもBも、最近の親は子どもをほめることしかせず、子どもを厳しくしかることをしないと述べている。
3　Aは最近の親は子どもを甘やかしすぎていると述べ、Bは親と子どもの関係においてバランスをとることが難しくなっていると述べている。
4　Aは子どもに前向きなことばをかける親が多くなったと述べ、Bは子どもをほめるべきだというプレッシャーが強いのではないかと述べている。

答え　①3　②4

　まずは文章全体を理解しよう。

AとBの共通話題は何かを理解しよう。
ここに出てくる文章は、「相談文」や「意見文」、「感想文」などが多く取り上げられる傾向にあるんだ。
2つの文書はそれぞれ共通点と相違点があるけど、全体を通して何について書いているかを理解することが重要だよ。

　それぞれの文章の共通点、相違点を探そう。

2つの文章は同じ話題について書かれてるけど、必ず異なる意見が出てくるよ。
共通点は何か、相違点は何かを意識しながら、2つの文章を読んでいこう。
気になるキーワードがあったら、印をつけておくこともいい方法だよ。

解き方を知ろう！

1
1 × Bで、「その結果として、子どもをほめて育てたいけれども、どうほめればいいのかわからない、子どもをしかってはいけないと悩む方が増えてしまうのではないでしょうか」と書いてありますが、Aでは何も書かれていません。

2 × Aでは「厳しかった両親のおかげで、私は勉強でも仕事でもいい成績を残せています。」と書いてありますが、Bでは書かれていません。

3 ○ Aでは「両親がほめてくれていたらもっと自信がある前向きな人になっていたはずだ」と書いてあり、Bでは、「子どもをほめて育てれば、素直で前向きな子に育つと言われています。それについては、疑う点はありません」と書いてあります。

4 × Bでは、「子どもがほめられたいから親の言うことを聞く、親が喜びそうなことしかしないということになりはしないでしょうか」と書いてありますが、Aでは何も書かれていません。

2
1 × AもBも、子どもをほめて育てる方法が普通になってきていると書いてあります。

2 × AもBも、今の親は厳しくしかっているかどうかははっきりわかっているわけではありません。

3 × Aは子どもが親にほめられることはいいことであると考えているので、間違っています。Bはそのとおりです。

4 ○ Aは「最近は、子どもに対して、「すごいね」、「よくやったね」といった前向きなことばをかけている親の姿をよく見ます」と書いてあり、Bは「子どもをほめて育てたいけれども、どうほめればいいのかわからない、子どもをしかってはいけないと悩む方が増えてしまうのではないでしょうか」と書いています。

よく出る！ 質問のパターン

■ **統合理解**（300字程度のテキスト×2、2問×1題）

Q. ○○について、AとBはどのように述べているか。

Q. ○○について、AとBで共通して述べられていることは何か。

練習問題 （答え：別冊p.31〜32）

❶

次のAは山田産業の山田さんからハイデザイン株式会社の水野さんへのメールで、Bはハイデザイン株式会社の水野さんから山田産業の山田さんへの返信のメールである。AとBの両方を読んで、後の問いに対する答えとして最もよいものを、1・2・3・4の中から一つ選びなさい。

A

1　件名：【お願い】オリジナルグッズ納期前倒しについて（注1）（注2）
　　ハイデザイン株式会社　水野様

　　いつも大変お世話になっております。
　　株式会社　山田産業　広報部の山田と申します。

5　ただいま制作をお願いしております、イベント配布用のオリジナルグッズ（注文番号0768）の件でご相談させていただきたく、ご連絡いたしました。

　　実は、イベント日程の変更が決定いたしました。
　　大変申し訳ございませんが、注文票では8月20日となっているグッズの納品日を、10日ほど早めて8月10日までに納品していただけないでしょうか。

10　イベント開催までに全量（500個）の納品が難しい場合は、
　　①8月10日までに納品可能な個数
　　②残数を納品可能な日時
　　をお知らせいただけると幸いです。

　　当初よりも10日も早めていただくことになり、ご迷惑、お手数をおかけして申し訳な
15　く存じますが、事情をご理解いただき、ご協力をお願い申し上げます。

　　株式会社　山田産業
　　広報部　山田一郎

B

  1　件名：イベント用オリジナルグッズ納期前倒しのご依頼について

　　　株式会社　山田産業
　　　山田様

　　　ハイデザイン株式会社　水野です。
  5　日頃よりお世話になっております。

　　　さて、今回ご連絡いただきました注文番号0768の納期前倒しの件ですが、現在大量の注文を抱えており、急な納期短縮のご依頼には応じられそうにございません。貴社のご事情は、ご説明によりよくわかりましたが、貴社のグッズ生産を優先させることで、他のお客様の納期が遅れ、ご迷惑をおかけする恐れがあり、当社の信用に関
 10 　わってまいります。何卒ご理解くださいますよう、お願い申し上げます。

　　　〉①8月10日までに納品可能な個数
　　　　　　現在生産中のものを含めますと、150個分は発送可能です。
　　　〉②残数を納品可能な日時
　　　　　　全量を納品可能な日は当初の予定通り8月20日となりますが、グッズが仕上がっ
 15 　　　　た分だけ、順次トラック便にて発送いたします。

　　　私どももできる限りご協力したいとは存じます。よろしくお願いいたします。

　　　ハイデザイン株式会社
　　　デザイン部　水野正

(注1) 納期…商品を客のところに届ける期日のこと
(注2) 前倒し…予定よりも早くすること

[1] AとBのメールの内容として正しいのはどれか。

1　Aは注文していたグッズの生産を予定よりも早くしてほしいとお願いしている。
　　Bは他の客からの注文もあるので、要望には一切答えられないと回答している。

2　Aはイベントの予定が変更になったことを知らせている。
　　Bは他の客からの注文が多いため、生産が間に合わないことを謝っている。

3　Aはイベント日時が変更になったため、グッズの生産を急ぐようお願いしている。
　　Bは可能な限り、要望に応えられるように対応すると回答している。

4　Aは注文していたグッズが納期日よりも早く到着したことに驚いている。
　　Bは発送の方法をトラック便に変更したことを知らせている。

[2] AとBは8月10日までに何をしなければならないか。

1　AもBもイベント配布用のオリジナルグッズを急いで作成する。

2　Aは注文票通りの数のグッズを受け取り、Bは全ての注文のグッズをトラック便で発送する。

3　Aは8月10日までに納品可能な個数を調べ、Bは150個分のグッズをAに発送する。

4　AはBからグッズが届くのを待ち、Bは150個分のグッズを発送するとともに、残りのグッズの生産も行う。

❷

次のAとBはそれぞれ、田舎への移住について書かれた文章である。二つの文章を読んで、後の問いに対する答えとして最も良いものを、1・2・3・4から一つ選びなさい。

A

　　現在、都会から地方都市へ移住を検討する人が増えている。その背景には、過疎化を食い止めようと、移住者に対する支援を国や自治体が積極的に行っていることがある。また、独自の子育て支援などを行っている自治体も多く、都会で子どもを育てるよりも、田舎でのんびり家族と過ごしたいと望む子育て世代が移住するケースが増えている。

　　確かに都会の生活に疲れた人にとって田舎は素晴らしい場所のように思われる。しかし、都会から田舎に移住するということは生活の全てが変わってしまうのである。都会で当たり前に利用していた電車やバスの本数はごくわずか、選択肢がたくさんあったスーパー、病院や学校などは選べるほどない。地元の伝統的な文化や生活を理解するにも時間がかかるだろう。覚悟はしていても実際に思い描いていた生活がで

きず、悩む移住者は少なくない。

　ただ、田舎でも都会でも、あれがない、これができないと「ない」ことばかりを悩み、悲しんでいても仕方がない。住む場所にあわせていくことは当然であり、時間がかかるものだ。それを乗り越えた先に、移住先の魅力、自分が望む生活があるのだろう。

B

1 　最近テレビで都会から田舎に移住した人たちが、田舎で充実した暮らしを実現しているという特集を目にすることが増えた。地元の住民と交流を深め、田舎の恵みを十分に味わい、趣味や仕事を楽しんでいる。特集に出てくる移住者の顔は明るい。地方都市の人口減少を食い止めるために、特に若い世代の移住を促す支援は今後も
5 盛んになっていくだろう。

　だが、子どもの頃からその地元で育った地元の若者はどうだろうか。外からの移住者が増える一方、田舎では仕事がないから、進学先がないからという理由で都会に出ていく若者の割合もまた増え続けている。地元で育った若者が、地元に魅力を感じることができない、望むような生活像が描けないというのは悲しいことだ。一人でも
10 多くの移住者をどうやって呼び込むかだけを考えるのではなく、地元で育ち、地域の生活リズムや文化を理解している若者がこの町で暮らしたいと思えるような町づくりをしなければ、地方都市の未来は決して明るくないのではないだろうか。

3 AとBのどちらの文章でも書かれている点は何か。

1　国や自治体による積極的な移住政策
2　田舎暮らしのメリット
3　田舎に移住した人に対する調査結果
4　田舎と都会の生活の違い

4 AとBの筆者は、今後の地方都市への移住のあり方についてどのように考えているか。

1　AもBも、今後も地方都市への移住者数は増えるだろうと考えている。
2　AもBも、理想の生活ができず、結局田舎を離れる移住者が増えていくだろうと考えている。
3　Aは、移住者が田舎に都会の生活を紹介するべきだと考え、Bは、移住者よりも地元の若者の流出のほうが問題だと考えている。

4 Aは、移住者が田舎に適応する必要があると考え、Bは、地元の若者も魅力を感じられる町にしなければならないと考えている。

❸
次のAとBの文章を読んで、後の問いに対する答えとして最もよいものを、1・2・3・4の中から一つ選びなさい。

A

1　最近新聞離れが進んでいると言われる。ある調査によれば、新聞の発行部数はピーク時に比べ、40％近くも落ち込んでいるそうだ。その原因として挙げられるのは、やはりインターネットの普及である。
　　インターネットを使えば、いつでも手軽にニュース記事を読むことができるように
5 なった。短くまとめられた記事をさっと読めば、今どんなことが起きているかを理解できるようになっているし、自分の興味がある分野の情報を素早く読むことができる。そして何よりインターネットのニュース記事は情報が早い。何かの事件が起こったとき、紙の新聞では、読者に情報が届くまで時間がかかるが、インターネット記事だと、何かが起こった数分後にはすでに記事としてアップされている。この手軽さとス
10 ピード感は忙しい現代人が求めているものではないか。
　　現代社会は多くの情報が溢れている。自分に必要のない情報まで集めていては時間と労力の無駄である。効率的に情報を選んでいく必要がある現代人にとっては、もはや紙の新聞に戻ることは難しいだろう。

B

1　新聞とは世の中を知るための基本的な情報源である。新聞を一面からめくっていけば、政治、経済、国際情勢、文化やスポーツを含めた世の中の動き全体を読むことができる。重要なのは、新聞にありとあらゆる情報が詰め込まれているということである。例えば政治の記事を読んだ後にスポーツの記事があると、何となくそのスポーツ
5 のことがわかった気になる。そうすると、そのスポーツに興味が出てきたり、誰かと話すときの話題になったりするかもしれない。このように情報が繋がっていくのが新聞の良いところである。

一方で今、主流となっているインターネット記事では、このような情報の連鎖が起こりにくい。なぜなら自分が興味のある分野の記事しか読まなくなるからである。毎日忙しくて新聞を読む時間がないというなら、タイトルだけ読んで流し読みする程度で構わない。インターネットの情報の海に溺れるより、情報のプロが選んで書いた記事を読んで世界に対する理解を深めることをおすすめしたい。

5 新聞について、AとBはどのように述べているか。

1 AもBも、手軽に流し読みできる情報源であると述べている。
2 AもBも、新聞記事を読めば、今まで興味がなかった情報についても興味を持てるようになると述べている。
3 Aは、情報が多すぎる新聞は忙しい現代にとってあわないものだと述べ、Bは、さまざまな情報が一つの新聞で読めることに価値があると述べている。
4 Aは、人々にとって必要な情報が効率的に選ばれていると述べ、Bは、自分が興味のある分野の記事だけでもいいから読むべきであると述べている。

6 インターネット記事についてAとBはどのように述べているか。

1 AもBも、あらゆる情報を素早く読むことができると述べている。
2 AもBも、新聞よりもさらに多くの情報が書かれていると述べている。
3 Aは、必要な情報が書かれている記事を選びやすくなっていると述べ、Bは新聞を読む時間がない人にとって、記事を流し読みすることは仕方がないことだと述べている。
4 Aは、手軽さと情報の早さこそがメリットであると述べ、Bは情報が繋がっていく効果が期待できないと述べている。

情報検索 Information retrieval

ポイントと例題

💡 広告やお知らせ、パンフレットなどから必要な情報を速く見つけられるかを測る問題である。テキストによるが、何かイベントなどの日時や参加の条件、金額、応募方法などを問うものが多く出る。

例題

フィットネスクラブFIRE
10月10日（SUN）GRAND OPEN

オープン記念キャンペーン実施中

10月31日までにご入会された方に限り、オープン記念キャンペーンを行っております。見学はいつでも受け付けております。

　　　☆10月分の月会費　　0円

　　　☆入会金：5,500円→0円

　　　☆事務手数料：5,000円→2,500円

　　　☆パーソナルトレーニング（60分）6,000円→0円（初回のみ）

フィットネスプラン

コース	月会費（税込）	利用可能時間	
レギュラー会員	9,500円	営業時間内いつでもご利用いただけます。	
ペア会員（2名）	15,000円	月〜金	10:00〜23:00
家族会員（3名以上）	20,000円	土	10:00〜22:00
学生会員	4,000円	日祝	10:00〜19:00
週末会員	5,500円	土	10:00〜22:00
		日祝	10:00〜19:00
デイ会員	6,500円	月〜金	10:00〜17:00
		土	10:00〜14:00
ナイト会員	6,500円	月〜金	16:00〜23:00
		土	15:00〜22:00

読解

入会手続き時に必要なもの

1．本人確認書類
運転免許証・健康保険証・在留カード、パスポートなどの身分証明書をお持ちください。

2．キャッシュカードもしくは印鑑と通帳
月会費を銀行引き落としでいただいております。お申込ご本人名義の銀行キャッシュカード、または銀行の通帳と印鑑をお持ちください。

3．初期費用
入会金、事務手数料、月会費2か月分のお支払いは現金のみとさせていただきます。

4．その他
学生会員の方は入会の際に学生証と、保護者の方の同意書が必要です。家族会員の方はご家族全員の本人確認書類をご用意ください。

1 リンさんは、10月から夫とフィットネスに通うことにした。入会時にいくら払うか。

1　32,500円
2　17,500円
3　22,500円
4　2,500円

答え 2

 先に問題文をしっかり理解してから、本文を読もう。

情報検索は、まさに必要な情報を探し出すことだから、どんな情報を探すかということが重要になってくるよ。
問題文＝「探す情報」だから、そこを十分理解して必要な情報を拾い上げるようにするといいよ。
日常生活で目にするようなテキストを読む問題だから、日ごろから雑誌や広告などを見て、情報を探る練習をしておくのがおすすめだよ！

 **解き方を知ろう！**

1 × ペア会員：15,000円×2か月分＋事務手数料2,500円
　　10月に入会すれば、10月分の月会費は払わなくてもいい。

2 ○ ペア会員：15,000円×1か月分＋事務手数料2,500円
　　無料になるのは10月分だけ

3 × 家族会員：20,000円×1ヶ月分＋事務手数料2,500円
　　夫と2人だけならペア会員のほうが安い

4 × 事務手数料2,500円のみ

よく出る！質問のパターン

■ **情報検索（広告やパンフレットなどのテキスト、2問×1題）**

Q. ○○をするための手続き／応募方法／参加方法として正しいのはどれか。

Q. △△という条件で、Aさんが選ぶコースはどれか。

練習問題　（答え：別冊p.33〜34）

❶

右の表は、大広市のごみの出し方について書かれた案内である。下の問いに対する答えとして最もよいものを、1・2・3・4から一つ選びなさい。

[1] 高橋さんは、壊れてしまったテレビを捨てようと思っています。テレビを捨てるためには、まず何をしなければいけませんか。

　1　地域分別ごみ収集の場所にテレビを持っていく
　2　粗大ごみシールを購入しておく
　3　大広市環境課に電話をかける
　4　テレビの専門回収業者を探す

[2] 早野さんはテーブルを捨てようと思っています。テーブルは幅90cm横55cm、重さ24kgあります。テーブルを捨てる料金はいくらですか。

　1　0円
　2　360円
　3　550円
　4　1100円

【分別ごみ】（無料）

ごみを減らす取り組みとして、市内15カ所に分別ごみ回収ボックスを設置しています。また、お住いの地域別に地域役員による分別ごみ収集活動を行っております。

回収ボックスで捨てられるもの	地域分別ごみ収集で捨てられるもの
・缶（飲食物の缶のみ）・紙パック・ペットボトル・プラスチック製容器	・缶（飲食物の缶のみ）・スプレー缶・乾電池・びん・ガラス・紙パック・ペットボトル・プラスチック製容器・使用済電気機器

【粗大ごみ】（有料）

一番長い部分が1mを超え、重さが40kg以下のものをご自宅近くまで回収に参ります。

〇粗大ごみの出し方

①電話で申し込む	大広市環境課　Tel:33-1982 受付時間　月曜日〜金曜日9：00〜17：00 粗大ごみのサイズをお伺いしたうえで、環境課職員が収集日、受付番号、必要なシールの枚数をお伝えします。
②粗大ごみシールを購入する	環境課から指定された枚数の粗大ごみシールを、市指定販売店（スーパー、コンビニ等）で1枚550円で購入します。 ・粗大ごみ1個の重さが20kg以下　　　　　シール1枚 ・粗大ごみ1個の重さが20kg以上、40kg以下　シール2枚
③粗大ごみを出す	粗大ごみシールに収集日と受付番号を記入します。 粗大ごみシールを見えやすいところに貼ります。 収集日の午後1時までに出してください。

※家電リサイクル法の対象品目（テレビ、エアコン、冷蔵庫、自動乾燥機・洗濯機）は市では回収できません。電気販売店あるいは専門回収業者にお問い合わせください。

【自己搬入】（有料）

家庭ごみや粗大ごみで捨てられない場合や、大量にごみが出た場合は、大広市ごみ処理工場に直接持ち込むことができます。

〇持ち込み方法

大広市ごみ処理工場に直接お越しください。ごみ処理工場の窓口で受付後、係員の指示に従ってごみを品物別に指定された場所に置いてください。予約は不要です。

〇料金

10kgごとに 180円

（10kg未満は無料、最大100kgまで／1回）

❷ 次のページは青葉大学の学生寮の一覧である。下の問いに対する答えとして最もよいものを1・2・3・4から一つ選びなさい。

3 橋本さんは4月から青葉大学の経済学部に入学する予定の男子学生である。卒業まで学生寮を利用したいと考えている。また、居住に関する費用をなるべく安くしたいと考えている。橋本さんの希望にあう寮の部屋はどこか。

1　あさひ寮　1人部屋
2　あさひ寮　2人部屋
3　けやき寮　2人部屋
4　ひばり寮

4 マリアさんは、4月から青葉大学の農学部に入学する予定の女子留学生である。インターネット利用料を含めて、予算は一ヶ月で20,000円以下にしたいと思っているが、マリアさんの希望にあう寮はどこか。

1　あさひ寮
2　けやき寮
3　ひばり寮
4　梅花寮

青葉大学学生寮一覧

寮の種類		定員	対象者	寮費	情報
あさひ寮	1人部屋	30	全学部1年男子学生	12,000円	駅西側に位置し、スーパー・飲食店・コンビニエンスストアが近くにある便利なエリアにあります。1年生同士、情報交換をしながら大学生活を始めることができます。
	2人部屋			8,000円	
けやき寮	1人部屋	80	全学部生・留学生・大学院生 男子学生	14,000円	全学部の学部生から院生、留学生まで多様な専門分野を学ぶ学生との共同生活を通じて、学部、学年を越えた人間関係を築くことができます。
	2人部屋			10,000円	
ひばり寮	1人部屋	50	農・工・医学部生・大学院生 男女学生	18,000円（注）半額の補助金制度有（留学生は無条件）	農・工・医学部が入るC棟の西側に位置し、静かな環境です。玄関はオートロック、男女は別フロアーに分かれており、各エリアの出入りにはセキュリティシステムを設定しています。
梅香寮	1人部屋	100	全学部生・留学生・大学院生 女子学生	12,000円	入口はオートロックになっており、管理人が常駐しています。個室のほか、広い談話室があり、寮生によってさまざまなイベントが企画、運営されています。

寮費のほか共益費（3,000円/月）及び光熱費（4,000円/月）がかかります。
また、入寮費として最初の月のみ別途20,000円を徴収します。
インターネット利用を希望する場合は、指定事業者との契約が必要です。（2,900円/月）

読解

聴解

課題理解 ……………… p.94
ポイント理解 ……………… p.98
概要理解 ……………… p.103
即時応答 ……………… p.106
統合理解 ……………… p.110

聴解

課題理解 Understanding the questions

ポイントと例題

💡 男女2人の会話から指示や依頼、注意、アドバイスなどを聞き取る問題である。

例題

🔊 001

1　青木さんに返事を送る
2　クッキーを出す
3　玄関を掃除する
4　服を着替える

（スクリプト）

1　家で女の人と男の人が話しています。男の人はこのあとまず、何をしますか。

2　M：今、青木さんからメールがあって、近くまで来たから今から家に寄っても
3　　　いいか、だって。
4　F：今から？　別にいいけど、とりあえず部屋を片付けなきゃ。
5　M：わかった。じゃあ、「わかりました」って青木さんに返事送るね。
6　F：えっと、昨日買い物に行ったから、飲み物はあるし。
7　M：この前お土産でおいしいクッキーもらったから、それも一緒に出そう。
8　F：ちょうどよかったね。私は部屋を片付けるから、玄関を掃除してくれな
9　　　い？　そのあと、トイレ掃除もよろしく。
10　M：わかった。
11　F：やだ、まだパジャマのままじゃない！　掃除する前にそっちをちゃんとしてよ。
12　M：ごめんごめん。あ、青木さんから返信が来た。「10時頃伺います」だって。
13　F：急がなくっちゃ。

14　男の人はこのあとまず、何をしますか。

答え　4

POINT 1　問題が始まる前に、選択肢を読もう。

選択肢はイラストまたは文字であらかじめ書いてあるから、問題を聞く前に読んでおくのがおすすめだよ！

POINT 2　キーワードをメモしておこう

問題文では、誰が何をするのかしっかり聞こう。男の人がするのか、女の人がするのか、理解してから一つ一つの会話を聞くと答えやすくなるよ。

> 家で女の人と男の人が話しています。男の人はこのあとまず、何をしますか。

解き方を知ろう！

1	×	5行目で「「わかりました」って青木さんに返事送るね」と言っています。そして12行目で「あ、青木さんから返信が来た」と言っているので、もうすでに返事を送っていることがわかります。
2	×	7行目で「この前お土産で美味しいクッキーもらったから、それも一緒に出そう」と言っています。青木さんが家に来たとき、飲み物と一緒に出すつもりでいます。
3	×	11行目で「掃除する前にそっちをちゃんとしてよ」と言っているので、掃除をするよりも先にやらなければいけないことができたことがわかります。
4	○	11行目で「やだ、まだパジャマのままじゃない！ 掃除する前にそっちをちゃんとしてよ」と言っています。ちゃんとする＝パジャマを脱いで、服を着替えることですから、4が正解です。

よく出る！ 質問のパターン

Q. これからまず何をしますか。

Q. これからどうやって〇〇しますか。

練習問題 (答え：別冊p.36〜44)

この問題では、まず質問を聞いてください。それから話を聞いて、問題用紙の1から4の中から、最もよいものを一つ選んでください。

1　🔊 002
1　工場に連絡する
2　注文を確認する
3　倉庫にある商品を数える
4　お客様に連絡する

2　🔊 003
1　指定店舗に行く
2　インターネットで注文する
3　学校に注文する
4　知り合いからもらう

3　🔊 004
1　キャンプ場
2　ゆうびん局
3　コンビニ
4　おばあちゃんの家

4　🔊 005
1　調査票を作る
2　調査道具をそろえる
3　研究室に行く
4　名刺を準備する

5　🔊 006
1　トラックに荷物を乗せる
2　引っ越し業者を待つ
3　田中さんを待つ
4　田中さんの家に行く

6	1	研究室
🔊 007	2	病院
	3	家
	4	学生課

7	1	アンケートを書く
🔊 008	2	服を着替える
	3	飲みもをの買いに行く
	4	係の人が来るまで待つ

8	1	パンフレットを取りに行く
🔊 009	2	受付を手伝う
	3	代わりになる人を探す
	4	林さんにお願いする

9	1	せんたく物を入れる
🔊 010	2	ゆうびん局に行く
	3	アルバイト先に行く
	4	ご飯を作る

10	1	スーパー
🔊 011	2	果物屋
	3	商店街
	4	農園

11	1	100枚
🔊 012	2	90枚
	3	80枚
	4	70枚

ポイント理解 Understanding the point

ポイントと例題

💡 男女2人、あるいは1人の話を聞いて出来事の原因や理由、問題点、目的などを理解して聞き取れるかを問う問題である。

例題

🔊 013

1　野生動物の数が増えたから
2　里山の人が山の管理をしているから
3　里山の人が少なくなったから
4　畑の作物は栄養があるから

（スクリプト）

専門家が、里山における野生動物の被害について話しています。男の人は野生動物による被害が増えた一番の原因は何だと言っていますか。

ここ数十年で、里山でイノシシやシカ、サルなどの動物が畑の野菜や果物を食べつくしてしまう被害が急増しています。このような被害が起こる原因として、「野生動物の数が増えたから」といった理由を思い浮かべがちですが、それは間接的な原因にすぎません。昔から里山は、多くの人が住み、常に誰かによって整備、管理されていました。基本的に野生動物は人がいる場所を嫌うので、山から里山まで下りてきて、野菜や果物を食べつくすことはしませんでした。それが、里山の人口が急速に減り、山を管理する人間もいなくなったことで、野生動物が堂々と家の近くまで下りて来られるようになったのです。また、人間が栽培している作物のほうが山の食べ物より種類が豊富で栄養があり、わざわざ探す必要がありません。その結果として野生動物の数が増えてしまったのです。

男の人は野生動物による被害が増えた一番の原因は何だと言っていますか。

答え 3

情報に着目して聞こう。

聞き取るポイントに関係する情報を探しながら問題を聞くといいよ！

✏ 解き方を知ろう！

1	×	5、6行目：「野生動物の数が増えたから」といった理由を思い浮かべがちですが、それは間接的な原因にすぎません」と言っています。
2	×	9、10行目：「里山の人口が急速に減り、山を管理する人間もいなくなった」と言っています。
3	○	9〜11行目：「里山の人口が急速に減り、山を管理する人間もいなくなったことで、野生動物が堂々と家の近くまで下りて来られるようになったのです」と言っています。
4	×	11、12行目：「人間が栽培している作物のほうが山の食べ物より種類が豊富で栄養がある」と言っていますが、一番の原因ではありません。

よく出る！
質問のパターン

Q. 最も重要なことは何ですか。

Q. どうして○○しましたか。

Q. どんなことがよかった／よくなかった／問題だと言っていますか。

聴解

練習問題 （答え：別冊p.45〜58）

この問題では、まず質問を聞いてください。そのあと、問題用紙のせんたくしを読んでください。読む時間があります。それから話を聞いて、問題用紙の1から4の中から、最もよいものを一つ選んでください。

1 014
1. 初めて授業をしたから
2. 学生の主体性を重要視していたから
3. 活発でしげき的な授業だったから
4. 授業についていけない学生が多かったから

2 015
1. 1人でご飯を食べていてもひまじゃないから
2. 1人でご飯を食べている姿を見られても気にしないから
3. お父さんのことがきらいだったから
4. ご飯を作った人の気持ちを考えているから

3 016
1. カップラーメン
2. 梅干し
3. カメラ
4. 折りたたみかさ

4 017
1. 働く女性が増えたから
2. 結婚する年齢が遅くなったから
3. 仕事が大変すぎるから
4. 夫婦だけですべてをやらなければならないから

5 018
1. 基礎知識が十分あるから
2. しゅうしょく活動が始まっているから
3. 時間によゆうがあるから
4. 金曜日にほかの授業がないから

6	1	人間関係がいやだから
🔊 019	2	今の仕事が向いていないから
	3	給料に不満があるから
	4	仕事が難しすぎるから

7	1	家の立地があまりよくないから
🔊 020	2	若い人が好きではないデザインだから
	3	今の経済状況がよくないから
	4	若くない人が家をどんどん買うから

8	1	パソコンの画面が真っ暗だから
🔊 021	2	動画が見られないから
	3	いきなりパソコンが動かなくなるから
	4	無料保証期間が終わっていたから

9	1	地元の人たちが通っているお店だから
🔊 022	2	40年近く続いているから
	3	外国人のお客さんが来るから
	4	インターネットで紹介されたから

10	1	お客様にめいわくをかけてしまったから
🔊 023	2	お客様のところにしゃざいに行ったから
	3	課長が勝手にメールチェックをしたから
	4	課長が責任を押し付けてきたから

11	1	小さな車
🔊 024	2	荷物がたくさんのる車
	3	電気自動車
	4	環境に優しい車

聴解

12	1	お店が混んでいないから
🔊 025	2	周りの音に慣れたから
	3	リラックスできるから
	4	きんちょう感が保てるから

13	1	専門用語を調べる
🔊 026	2	英語の論文を読む
	3	男の学生に教えてもらう
	4	せんぱいからアドバイスをもらう

14	1	イラストをなくして、代わりにキャラクターを入れる
🔊 027	2	お祭りの情報を小さくして、イラストを大きくする
	3	イラストを小さくして、色を少なくする
	4	イラストを大きくして、別の色にする

15	1	地震がおきたから
🔊 028	2	探し物が見つからないから
	3	勉強に集中できないから
	4	くもを探していたから

16	1	浮かんだアイディアを忘れないため
🔊 029	2	気分をすっきりさせるため
	3	アイディアを整理するため
	4	ほかの人にメモを見せるため

17	1	定期検診を受けるため
🔊 030	2	きんえん外来を受けるため
	3	カウンセリングを受けるため
	4	薬をもらうため

概要理解 Understanding the overview

ポイントと例題

💡 男女2人、あるいは1人の話を聞いて、その話全体のテーマや主張などを聞き取る問題である。

例題

🔊 **031**

（この問題は、問題用紙に何も書かれていません）

（スクリプト）

1　学校で先生が話しています。

2　もうすぐ受験シーズンに入りますね。みなさん毎日一生懸命勉強している
3　と思いますが、夜遅くまで勉強していませんか。夜は頭も体も疲れ切って
4　いる状態ですから、とにかく休むことをおすすめします。じゃあ、いつ勉
5　強するのがいいのか。それは朝です。人間の脳は、寝ているときに一日に
6　あったことを整理します。寝ている間に、一日に起きた出来事が頭の中で
7　整理されることによって、朝には頭の中にスペースが生まれます。だから
8　勉強したことが身に付きやすい時間帯なのです。夜遅くまで長時間勉強し
9　続けるよりも、夜は早く寝て、朝早く起きて短い時間でも勉強することが、
10　勉強において最も効率のいい方法なのです。

11　先生は何について話していますか。
12　1　受験に対する心構え
13　2　勉強に適した時間帯
14　3　効率的な学習の長さ
15　4　睡眠の大切さ

答え **2**

POINT　メモを取りながら聞こう

問題用紙に選択肢がないから、聞き取ったいくつかのキーワードや大切な情報はメモをとるといいよ！

 よく出る！質問のパターン

Q. 何について話していますか。
Q. 一番言いたいことは何ですか。

解き方を知ろう！

1	×	2行目：「もうすぐ受験シーズンに入りますね」と言っていますが、これは本当に言いたいことではありません。
2	○	4、5行目：「じゃあ、いつ勉強するのがいいのか。それは朝です」と言っています。
3	×	8〜10行目：「夜遅くまで長時間勉強し続けるよりも、夜は早く寝て、朝早く起きて短い時間でも勉強することが、勉強において最も効率のいい方法なのです」と言っていますが、大切なのは夜と朝の時間帯だと言っています。
4	×	6行目：「寝ている間に、一日に起きた出来事が頭の中で整理される」と言っていますが、これは朝勉強したほうがいい理由です。

練習問題 (答え:別冊p.59〜68)

この問題では、問題用紙に何もいんさつされていません。この問題は、全体としてどんな内容かを聞く問題です。話の前に質問はありません。まず話を聞いてください。それから、質問とせんたくしを聞いて、1から4の中から、最もよいものを一つ選んでください。

1 🔊 032

2 🔊 033

3 🔊 034

4 🔊 035

5 🔊 036

6 🔊 037

7 🔊 038

8 🔊 039

9 🔊 040

10 🔊 041

11 🔊 042

聴解のポイントと例題

即時応答 Answer immediately

ポイントと例題

💡 男女のどちらかが質問、報告、相談、依頼、感想などを一言言い、それに対して最も適した返事を選ぶ問題である。

例題

🔊 043　（この問題は、問題用紙に何も書かれていません）

（スクリプト）
1　では、明日10時にお伺いします。

2　1　何でも聞いてください。
3　2　ええ、お待ちしています。
4　3　自宅の住所を教えてください。

答え 2

POINT 1　最初の一言目をしっかり聞こう

話始めを聞き逃すと答えがわからなくなってしまうから、集中して聞くようにしよう！

POINT 2　音を聞き分けよう

イントネーションや音の高低によっては疑問の意味になったり、賛成の意味になったりすることがあるよ。

🖉 解き方を知ろう！

1 ×　「話を聞く」の謙譲語は同じ「伺う」ですが、「明日の10時に」と言っているので、「聞く」の謙譲語ではありません。
2 ○　「家を訪ねる」の謙譲語は「伺う」です。「明日の10時に相手が家を訪れる」と言っているので、正解は2番。
3 ×　答えを言っている人は、家に招待している人です。相手の家に行くわけではないので間違いです。

- 質問、依頼、許可、アドバイス
- 何かに対する意見、主張、説明
- あいさつ、お礼、謝罪、注意

練習問題 (答え：別冊p.69〜78)

この問題では、問題用紙に何もいんさつされていません。まず文を聞いてください。それから、それに対する返事を聞いて、1から3の中から、最もよいものを一つ選んでください。

1 🔊 044

2 🔊 045

3 🔊 046

4 🔊 047

5 🔊 048

6 🔊 049

7 🔊 050

8 🔊 051

9 🔊 052

10 🔊 053

11 🔊 054

12 🔊 055

13 🔊 056

14 🔊 057

15 🔊 058

16 🔊 059

17 🔊 060

18 🔊 061

19 🔊 062

20 🔊 063

21 🔊 064

22 🔊 065

23 🔊 066

24 🔊 067

25 🔊 068

26 🔊 069

27 🔊 070

28 🔊 071

29 🔊 072

30 🔊 073

聴解のポイントと例題

統合理解 Integrated understanding

ポイントと例題

💡 ある話に関する説明を聞いたあとに男女2人以上の長めの話を聞き、いくつかの情報を比べたりまとめたりして答えを導き出す問題である。
問題は3問ある。そのうち最初の2問は、選択肢が問題用紙に書かれていない。最後の1問は、選択肢が問題用紙に書かれているが、1つの話を聞いて、2つの質問に答えなければいけない。

例題

🔊 074

（この問題は、問題用紙に何も書かれていません）

（スクリプト）
1　家族3人が夏休みの予定について話しています。
2　M1：もうすぐ夏休みだけど、今年は思い切って海外に旅行に行かない？
3　F　：いいね。私、一度ハワイに行ってみたいと思ってたの。
4　M2：ハワイって遠いでしょ？ 僕ずっと飛行機に乗ってるの嫌だよ。
5　M1：確かにハワイだと飛行機で10時間近くかかるね。
6　F　：あっ、そういえば今年は休みがいつもより短いんだった。移動日を考える
7　　　とゆっくりできる時間はほとんどないよね。
8　M2：そうだよ。それに僕も友達とプールやキャンプに行くって約束してるもん。
9　F　：じゃあ国内旅行にしましょう。北海道みたいに、涼しくて自然が豊かで
10　　　ゆっくりできる場所がいいな。
11　M1：今、旅行サイトを見てみたんだけど、人気の観光地のホテルはもう予約で
12　　　いっぱいみたい。北海道のカムイホテルとか、泊まってみたかったのに残念。
13　M2：じゃあ、遊園地でいいじゃん。小さいとき、よく連れてってくれたでしょ。
14　F　：遊園地でもいいけど、夏の暑い日はあまり長時間外にいないほうがいい
15　　　よ。遊園地だと全部外にアトラクションがあるから、ちょっと心配だよね。
16　M1：じゃあ、台湾はどう？ 2時間くらいで行けるよ。
17　F　：いいね。そういえば子どものパスポートって更新した？ 確か子どものパス

18 　　　　ポートの期間は5年間だったよね。
19 　M1：しまった。更新してない。
20 　M2：ええ、じゃあ無理じゃん。
21 　M1：しょうがないな。じゃあ、国内にしよう。
22 　F　：そうね。あ！ カムイホテルも別館なら空いているみたい。自然が豊かだ
23 　　　　し、ここにするのはどう？
24 　M2：やったー！ そこにしよう！

25 家族はどこに行くことにしましたか。
26 　1　ハワイ
27 　2　北海道
28 　3　遊園地
29 　4　台湾

答え **2**

メモを取りながら聞こう

1問目では問題用紙に選択肢はないから、メモをとるといいよ！

解き方を知ろう！

1	×	4行目で「僕ずっと飛行機に乗ってるの嫌だよ」、6・7行目で「移動日を考えるとゆっくりできる時間はほとんどない」と言っています。
2	○	12行目で「北海道のカムイホテル」、22行目で「カムイホテルも別館なら空いているみたい」と言っています。
3	×	14、15行目で「夏の暑い日はあまり長時間外にいないほうがいいよ。遊園地だと全部外にアトラクションがあるから、ちょっと心配だよね」と言っています。
4	×	パスポートについて19行目で「更新していない」と言っています。

111

例題

🔊 075

質問1.　1　ゲーム機
　　　　2　フルーツ詰め合わせ
　　　　3　ホテル宿泊券
　　　　4　最新式掃除機

質問2.　1　ゲーム機
　　　　2　フルーツ詰め合わせ
　　　　3　ホテル宿泊券
　　　　4　最新式掃除機

（スクリプト）

1　ビンゴ大会でプレゼントの説明を聞いて、女の人と男の人が話しています。

2　M1：1等おめでとうございます！　1等の景品はこの4つの中からお好きなもの
3　　　を1つお選びください。まず1つ目は、今人気のゲーム機です！　1人でプ
4　　　レイするだけではなく、オンラインで他の人と一緒にゲームを楽しむこと
5　　　もできます。2つ目は、産地直送のフルーツ詰め合わせです。フルーツ
6　　　はその季節で一番おいしいものが選ばれるので、どんなフルーツが届くか
7　　　は、届いてからのお楽しみです。3つめは沖縄にあるホテル宿泊券です。
8　　　海に面しているので、ホテルを出てすぐに海で遊ぶことができます。そし
9　　　てお部屋はすべてオーシャンビュー。美しい沖縄の海を楽しんでいただけ
10　　　ます。そして最後は、最新式の掃除機です。コードレスでとても軽くコン
11　　　パクトなので、持ち運びも便利。どんなに小さなゴミも見逃さず吸い取
12　　　ることができます。
13　F　：うーん、どれにしよう。加藤君はもう決まった？
14　M2：僕も迷ってる。新しい掃除機、ずっとほしかったんだけど、この前買っ
15　　　ちゃったからな。あーあ、もう少し買うのを待っておけばよかった。
16　F　：私もまだ十分使えるからな…。加藤君ってゲーム好きじゃなかった？
17　M2：うん、好きだよ。でもこれはもう持ってるんだよ。それにソフトを買わな
18　　　いとゲーム機だけ持っていても意味ないよ。
19　F　：えっ、そうなんだ。私、ゲーム全然やらないから、そんなことも知らな
20　　　かった。やっぱり私は食べ物にしようかな。いろいろ物をもらっても、邪

21		魔になっちゃうし。
22	M2：	うん、わかる。沖縄でもいいんだけど、僕、おじいちゃんが沖縄に住んで
23		るから毎年遊びに行ってるんだよね。だからあまり惹かれないんだよな。
24	F ：	じゃあ、私がそっちにするよ。沖縄は1回しか行ったことないし、友達も
25		誘って行ったらすごく楽しそう。
26	M2：	いいの？なんだか悪いな。
27	F ：	いいの、いいの。気にしないで。
28	質問1	女の人は何をもらいますか。
29	質問2	男の人は何をもらいますか。

(質問1の答え) 3 　(質問2の答え) 2

解き方を知ろう！

質問1

1　×　19行目で「私、全然ゲームやらない」と言っています。
2　×　最初は「やっぱり私は食べ物（フルーツ詰め合わせ）にしようかな」と言っていますが、男の人が沖縄のホテル宿泊券に惹かれないと言っているのを聞いて、男の人にフルーツ詰め合わせをゆずっています。
3　○　男の人が沖縄のホテル宿泊券を選びたがっていないのを知って、Fは「じゃあ、私がそっち（沖縄のホテル宿泊券）にするよ」と言っています。
4　×　16行目で「私もまだ十分使えるからな…」と言っているので、新しい掃除機はいらないと思っています。

質問2

1　×　「でもこれ（ゲーム機）はもう持ってるんだよ」と言っています。
2　○　男の人はゲーム機や掃除機はもう持っていると言っています。そしてFの「いろいろ物をもらっても、邪魔になっちゃうし」という意見に賛成しているので、物は選びません。沖縄のホテル宿泊券は、おじいちゃんが沖縄に住んでいて年に何回か遊びに行くと言っています。
3　×　22、23行目で「おじいちゃんが沖縄に住んでるから年に何回か遊びに行くんだよね。だからあまり惹かれないんだよな」と言っています。
4　×　14、15行目で「新しい掃除機、ずっとほしかったんだけど、この前買っちゃったからな」と言っています。

練習問題 (答え：別冊p.79〜89)

1

1番・2番

問題用紙に何もいんさつされていません。まず話を聞いてください。それから、質問とせんたくしを聞いて、1から4の中から、最もよいものを一つ選んでください。

1番 🔊 076
2番 🔊 077

3番 🔊 078

この問題では、まず話を聞いてください。それから、二つの質問を聞いて、それぞれ問題用紙の1から4の中から、最もよいものを一つ選んでください。

質問1
1 海岸エリア
2 駅前エリア
3 公園エリア
4 大通りエリア

質問2
1 海岸エリア
2 駅前エリア
3 公園エリア
4 大通りエリア

2

1番・2番

この問題では、問題用紙に何もいんさつされていません。まず話を聞いてください。それから、質問とせんたくしを聞いて、1から4の中から、最もよいものを一つ選んでください。

1番 🔊 079
2番 🔊 080

3番 🔊 081

この問題では、まず話を聞いてください。それから、二つの質問を聞いて、それぞれ問題用紙の1から4の中から、最もよいものを一つ選んでください。

質問1　1　いちご保育園
　　　　2　インターナショナルホテル
　　　　3　みどり農園
　　　　4　市立図書館

質問2　1　いちご保育園
　　　　2　インターナショナルホテル
　　　　3　みどり農園
　　　　4　市立図書館

3

1番・2番
この問題では、問題用紙に何もいんさつされていません。まず話を聞いてください。それから、質問とせんたくしを聞いて、1から4の中から、最もよいものを一つ選んでください。

1番　🔊 082
2番　🔊 083

3番　🔊 084
この問題では、まず話を聞いてください。それから、二つの質問を聞いて、それぞれ問題用紙の1から4の中から、最もよいものを一つ選んでください。

質問1　1　グッズ販売
　　　　2　フードコーナー
　　　　3　キャンプエリア
　　　　4　音楽ステージ

質問2　1　グッズ販売
　　　　2　フードコーナー
　　　　3　キャンプエリア
　　　　4　音楽ステージ

模擬試験は、実際に試験を受けるつもりで、時間を計って解いてみてね。
マークシートは本冊の最後のところに、答えは別冊にあるよ！

模擬試験   問題用紙

N2
言語知識(文字・語彙・文法)・読解
(105分)

注　意
Notes

1. 試験が始まるまで、この問題用紙を開けないでください。
   Do not open this question booklet until the test begins.

2. この問題用紙を持って帰ることはできません。
   Do not take this question booklet with you after the test.

3. 受験番号と名前を下の欄に、受験票と同じように書いてください。
   Write your examinee registration number and name clearly in each box below as written on your test voucher.

4. この問題用紙は、全部で33ページあります。
   This question booklet has 33 pages.

5. 問題には解答番号の １ 、 ２ 、 ３ … が付いています。
   解答は、解答用紙にある同じ番号のところにマークしてください。
   One of the row numbers １ , ２ , ３ … is given for each question. Mark your answer in the same row of the answer sheet.

受験番号　Examinee Registration Number	
名前　Name	

問題1 ＿＿＿の言葉の読み方として最もよいものを、1・2・3・4から一つ選びなさい。

1 車の頭金を100万円払って、あとはローンにした。
　　1　ずきん　　　　2　あたまきん　　　3　とうかね　　　4　とうきん

2 この料理はとても手間がかかるのでめったに作らない。
　　1　しゅかん　　　2　しゅま　　　　　3　てあいだ　　　4　てま

3 先週の日曜日、うちに友人を招いてパーティーをした。
　　1　かいて　　　　2　まねいて　　　　3　まいて　　　　4　はいて

4 昨日からずっと肩が痛くて眠れない。
　　1　かた　　　　　2　こし　　　　　　3　うで　　　　　4　むね

5 一週間の献立を考えてから買い物に行く。
　　1　こんだち　　　2　けんだち　　　　3　けんだて　　　4　こんだて

問題2 ＿＿＿の言葉を漢字で書くとき、最もよいものを1・2・3・4から一つ選びなさい。

6 風邪（かぜ）を引いていて、しょくよくがない。
　　1　食欲　　　　2　食浴　　　　3　食裕　　　　4　食沿

7 雪が降ったよくじつ、外は一面の銀世界だった。
　　1　次日　　　　2　翌日　　　　3　欲日　　　　4　本日

8 紙にいんじされている文を読んでください。
　　1　引字　　　　2　印字　　　　3　印次　　　　4　引次

9 突然雨が降ってきたので、急いで傘（かさ）をさした。
　　1　刺した　　　2　指した　　　3　差した　　　4　挿した

10 私がかよっている学校は家から電車で1時間のところにある。
　　1　道って　　　2　通って　　　3　送って　　　4　運って

問題3 （　　　）に入れるのに最もよいものを、1・2・3・4から一つ選びなさい。

11 ここの責任（　　）は誰ですか。
　　1　者　　　　2　人　　　　3　官　　　　4　長

12 あの人はいるだけで存在（　　）がある。
　　1　的　　　　2　性　　　　3　化　　　　4　感

13 カードを失くしたので、（　　）発行してもらった。
　　1　次　　　　2　全　　　　3　再　　　　4　追

14 （　　）成年の飲酒は法律で禁止されています。
　　1　未　　　　2　少　　　　3　非　　　　4　高

15 私は寒（　　）なので、冬は外に出たくない。
　　1　がち　　　2　気味　　　3　がり　　　4　っぽい

問題4 （　　）に入れるのに最もよいものを、1・2・3・4から一つ選びなさい。

16 歩く（　　）が速い人はせっかちな人が多いそうだ。
　　1　スーツ　　　　2　ペース　　　　3　シール　　　　4　シャープ

17 来週は忙しくて、スケジュールが（　　）詰まっている。
　　1　じっくり　　　2　ぴったり　　　3　ぎっしり　　　4　ぐったり

18 そんな狭い場所に上手に駐車できるなんて、（　　）だなぁ。
　　1　おおざっぱ　　2　わがまま　　　3　器用　　　　　4　上品

19 今朝寝坊して会社に遅刻しそうになって（　　）
　　1　あきた　　　　2　あがった　　　3　あせった　　　4　あてた

20 ストレスが（　　）と、いつもカラオケに行って発散させている。
　　1　たまる　　　　2　受ける　　　　3　こもる　　　　4　つまる

21 このデータを修正して上書き（　　）しておいてください。
　　1　保存（ほぞん）　2　編集（へんしゅう）　3　印刷（いんさつ）　4　検索（けんさく）

22 （　　）で間に合うと思ったら、思ったより時間がかかってぎりぎりに着いた。
　　1　余裕（よゆう）　2　余白（よはく）　3　余分（よぶん）　4　余計（よけい）

問題5 ＿＿＿の言葉に意味が最も近いものを、1・2・3・4から一つ選びなさい。

[23] リモート会議をしていたが、画面が何度もフリーズしてしまった。
1　消えて　　　　2　動いて　　　　3　ぶれて　　　　4　停止して

[24] 離れて住む母からしょっちゅう電話がかかってくるが、忙しくてなかなか出られない。
1　よく　　　　　2　たまに　　　　3　ときどき　　　4　前もって

[25] 最近子どもが私によく反抗する。
1　あやまる　　　2　かんしゃする　3　さからう　　　4　からかう

[26] やっかいな仕事を頼まれ、毎日残業している。
1　楽な　　　　　2　めんどうな　　3　あいまいな　　4　みじめな

[27] このスカートはちょっときついです。
1　小さい　　　　2　大きい　　　　3　短い　　　　　4　長い

問題6 次の言葉の使い方として最もよいものを、1・2・3・4から一つ選びなさい。

28 格差
1　今の日本社会では収入の格差が広がっている。
2　このコースは高いものから安いものまで格差がある。
3　日本語の格差によってクラスが分かれている。
4　この地域は車を持っている人の格差が高い。

29 追い越す
1　先に出発したグループに追い越した。
2　前の車が遅かったので追い越した。
3　電車で寝てしまい、降りる駅を追い越してしまった。
4　逃げ出した犬を急いで追い越した。

30 穏やか
1　今日は何もなく穏やかな日だった。
2　試験中の教室はとても穏やかだ。
3　世界の穏やかを祈らずにはいられない。
4　これが間違いであることは穏やかだ。

31 うっかり
1　うっかりカギをかけ忘れてしまった。
2　授業中にうっかりお弁当を食べた。
3　うっかり駅で友達に会った。
4　週末うっかり本を読んだ。

32 サンプル
1　あのサンプルはいつも仲がいい。
2　化粧品のサンプルをもらった。
3　パソコンのサンプルを上げるために、勉強している。
4　今日の服はとてもサンプルだ。

問題7 次の文の（　　）に入れるのに最もよいものを、1・2・3・4から一つ選びなさい。

33 あの頃に戻れる（　　）戻って、人生をやり直したい。
　　1　ものだから　　2　ものなら　　3　ものの　　4　ものか

34 楽しみにしていた旅行が中止になって、（　　）。
　　1　残念でいられない　　　　2　残念でならない
　　3　残念にすぎない　　　　　4　残念なものではない

35 A「本日県内在住者に（　　）入場無料だって。」
　　B「やった！　でも証明するものがないとダメだよね。」
　　1　より　　2　応じて　　3　問わず　　4　限り

36 うれしい（　　）、応援していたチームが優勝した。
　　1　ことに　　2　あまり　　3　とおり　　4　ままに

37 A「夏休みどこか行った？」
　　B「アルバイトが忙しくて、旅行（　　）じゃなかったんだよ。」
　　1　ほど　　2　さえ　　3　がち　　4　どころ

38 予想に（　　）、昨年最下位だったチームが優勝した。
　　1　沿って　　2　反して　　3　通じて　　4　向けて

39 （電話で）
　　A「山田さんはいらっしゃいますか。」
　　B「ただいま席を外しておりますので、（　　）折り返し電話するように伝えます。」
　　1　戻ったところ　　　　　2　戻り次第
　　3　戻るとともに　　　　　4　戻るにしたがい

40 申し訳ありませんが、そのプロジェクトに関わっていないので私にはわかり（　　）。
　　1　がたいです　　2　ものか　　3　限ります　　4　かねます

41 この症状（　　）ただの風邪だと思うけど、念のため病院で診てもらったほうがいいね。
　　1　からすると　　　2　にもかかわらず　3　からには　　4　はまだしも

42 お忙しいところ、わざわざ（　　）ありがとうございます。
　　1　お越してくれて　　2　お越しくださり　3　お越し　　4　お越してもらって

43 経験の有無（　　）、誰でも参加できます。
　　1　にかかわらず　　　2　もかまわず　　　3　にかけて　　4　にかかわって

44 A「今日、平日の（　　）忙しかったね。」
　　B「でも明日は土曜日だからもっと忙しくなりそうだね。」
　　1　ばかりに　　　　　2　わりに　　　　　3　ほどに　　　4　さえに

問題8 次の文の ★ に入る最もよいものを、1・2・3・4から一つ選びなさい。

(問題例)

　　難しい ＿＿＿ ＿＿＿ ★ ＿＿＿ ことに価値がある。
　　　1 みる　　2 こそ　　3 から　　4 やって

(解答のしかた)

1. 正しい文はこうです。

　　難しい ＿＿＿ ＿＿＿ ★ ＿＿＿ ことに価値がある。
　　　　3 から　2 こそ　4 やって　1 みる

2. ★ に入る番号を解答用紙にマークします。

　　　　　　(解答用紙)　(例)　① ② ③ ●

---

45 うちの会社は ＿＿＿ ＿＿＿ ★ ＿＿＿ 、一週間もお休みは取れないと思う。
　　1 二日　　　　2 まだしも　　3 なら　　　4 くらい

46 ＿＿＿ ＿＿＿ ★ ＿＿＿ 申し込みフォームからご連絡ください。
　　1 あるいは　　2 お申し込みの　3 際は　　4 メール

47 いつも折りたたみ傘をかばんに入れているのに、＿＿＿ ＿＿＿ ★ ＿＿＿ 。
　　1 降る　　　　　　　　　　　2 持っていない日に
　　3 雨が　　　　　　　　　　　4 限って

48 A「おいしいハンバーグだったね。」
　　B「＿＿＿ ＿＿＿ ★ ＿＿＿ ね。」
　　1 待った　　　2 長い時間　　3 かい　　　4 あった

49 携帯電話 ＿＿＿ ＿＿＿ ★ ＿＿＿ お財布も要らないと言う人が増えてきている。

1　もちろん　　　2　さえ　　　3　時計は　　　4　あれば

問題9 次の文章を読んで、文章全体の内容を考えて、50 から 54 の中に入る最もよいものを、1・2・3・4から一つ選びなさい。

以下は新聞の記事である。

てまえどり

「てまえどり」とはコンビニやスーパーなどで買い物をする 50 、購入後すぐに食べる場合には、商品棚の手前にある商品から選ぶ行動のことです。今まで意識的に奥から商品を取っていたという人は少なくないかもしれません。商品陳列棚は手前ほど賞味期限や消費期限が短いため、奥にある期限の長いものを選んでしまうこともあるでしょう。しかし、 51 期限の短い商品が売れ残り、販売期限が過ぎて、 52 状況になります。その結果、コンビニやスーパーから出る食品ロス(注)が増えてしまうのです。

こうした購買行動を改善するために、「てまえどり」として、消費者に呼びかけるようになりました。 53 「消費期限」というのは安全に食べられる期限、一方「賞味期限」はおいしく食べられる期限のことを言います。

コンビニなど小売業では、消費者に安全な商品を届けるため販売期限や納品期限が定められており、メーカーでも食品を廃棄することになります。奥から商品を取るほど廃棄食品は 54-a 続けてしまうため、「てまえどり」を心掛けることで、食品ロスを 54-b ことへとつながるのです。

(注) 食品ロス…まだ食べられるのに捨てられてしまう食品

50
1　ことなく　　　　　2　際に　　　　　3　以上　　　　4　ばかりか

51
1　それにもかかわらず　　　　　2　その上
3　それにしがたい　　　　　　　4　それによって

52
1　廃棄すべきでない　　　　　　2　廃棄するどころではない
3　廃棄するわけがない　　　　　4　廃棄せざるを得ない

53
1　ちなみに　　　　2　要するに　　　3　すなわち　　　4　したがって

54
1　a増え/b減らす　　　　　　　2　a減り/b増やす
3　a増やし/b減る　　　　　　　4　a減らし/b増える

問題10 次の(1)から(5)の文章を読んで、後の問いに対する答えとして最もよいものを、1・2・3・4から一つ選びなさい。

(1)
　世の中のスマホ依存症の話を聞いて、最初は信じられなかったが、あれだけ歩きスマホの人たちがいるのを見ると、本当なんだと納得する。ないと絶対に困るものを作ってしまうと、いちばん困るのは自分ではないかと思うのだが、目の前にある小さな画面の誘惑に負けてしまうのだろう。どこかで線引きしないと、ずるずると続けて生活のけじめがつかなくなってしまう。たしかにのめりこむ時期もあるだろうが、自分をコントロールできないのは問題だ。それも彼らの人生の選択の一つなので、他人がとやかくいう筋合いではないが、やはりインターネットがすべてになってしまう生活は、ゆがんでいるとしか思えないのである。

(群ようこ『ほどほど快適生活百科』集英社による)

（注）とやかくいう…あれこれといろいろなことを言うこと

[55] 筆者の考えに最も合うのはどれか。
1　今やスマホはないと絶対に困ってしまうものになった。
2　スマホの誘惑に負けてしまうのは仕方がないことだ。
3　誰かがスマホにのめりこんでいたとしても、自分には関係のないことだ。
4　自分をコントロールできずに、のめりこんでしまうのは大きな問題だ。

(2)
以下は、小学校からの連絡である。

2023年7月18日
あおい市立南小学校
校長　加藤　雄三

保護者の皆様

今年度の運動会について

　現在、猛暑日が続いており、全国各地で多くの方が熱中症で救急搬送されたと報道されています。また、気象庁発表の長期予報においても、9月の気温は、平年に比べ高い予報となっています。本校といたしましても、児童の健康面を最優先に考え、9月7日（土）に予定しておりました運動会を10月15日（土）に変更させていただきます。練習期間の状況や児童の安全を配慮したうえでの決断です。何卒ご理解のほどよろしくお願いいたします。

　なお、雨天に伴う順延日程および運動会の日程変更に伴う行事の変更等、詳細につきましては、8月27日以降に文書にてお知らせいたします。

（注）熱中症…暑さによって体温が上がり、めまいや吐き気などの症状が出ること

56　この文章で1番伝えたいことは何か。
1　熱中症に注意すること
2　9月まで猛暑日が続くこと
3　児童の安全を最優先に考えていること
4　運動会の日程変更が決まったこと

(3)
　老若問わず、体のサイズにかかわらず、ビキニの多い欧米の人たちは、他者に「見せる」とか「見られる」という意識があまりなくて、ただ自分が好きな色・好きなデザインを選んでいるのだろうなあと思う。露出(ろしゅつ)の少ない、体形のわからないものを着る私は、それとは対極に、水着とは「見られるもの、見せるもの」だから「見苦しいものを人に見せてはいけない」とか「若ぶっているなどと思われたくない」とか、ものすごい意識を、無意識に背負っているのだろう。なんだか窮屈(きゅうくつ)であることよ、と思っても、ぜったいにもうそこから抜け出すことはできない。

　　　　　　　　　　　　　　　　　（角田光代『晴れの日散歩』オレンジページによる）

57 そことは、何を指しているか。
　1　自分の好きな色やデザインの水着を選んで着ること
　2　他者に「見せる」「見られる」という意識を持たないこと
　3　他者に「見せる」「見られる」と意識してしまうこと
　4　無意識に背負っているものを自覚すること

(4)
以下は、取引先へのメールである。

差出人：ueda@w-farm.co.jp
宛先：takayama@myk-industry.co.jp
件名：【復職のご挨拶】株式会社W-farm　上田

株式会社三宅工業

営業部　高山様

　大変ご無沙汰しております。

　株式会社W-farmの上田でございます。

　長らく出産・育児のためにお休みをいただいておりましたが、5月27日より職場復帰いたしました。

　子育てをしながらの勤務となりますので、ご迷惑をおかけすることもあるかと存じますが、これまで以上に貴社のお役に立てますよう精一杯取り組んでまいりますので、今後ともどうぞよろしくお願い申し上げます。

　なお、復職後はしばらく9時～16時までの時短勤務となります。

　近日中に、改めてご挨拶にお伺いできればと思っております。

　今後とも、よろしくお願いいたします。

株式会社W-farm　上田優子
e-mail: ueda@w-farm.co.jp　　Tel: 03-1234-5678

58 このメールで伝えたいことは何か。

1 無事に子どもが生まれたこと
2 迷惑をかけてしまったことを謝ること
3 出産前と異なる働き方になること
4 相手の会社に挨拶に行く日を決めること

(5)
　そもそも「何かを知る」という行為において「○○が嫌い」と思うことは、いったい何の得があるのでしょうか?

　読む前から嫌わなければ、少なくとも読んだらおもしろいという経験ができますし、仮に読んでみて本当につまらなく感じても、そのときは「やはりつまらなかった」と思うだけです。

　苦手なモノを食べることほどの肉体的苦痛はないですし、むしろ「自分の見立てが正しかった」という自信すら芽生えてくるのです。

　当然「時間のムダだった」と思う可能性はありえますが、でもそれだって「何かを知れた」「自分の見立てを証明した」という意味では、一概にムダなことだったと言えないでしょう。

（角田陽一郎『読書をプロデュース』秀和システムによる）

59 筆者が一番言いたいことは何か。
1　つまらないと思ったとしてもそこから何か得られるものはあるので、好き嫌いをするべきではない。
2　無理をしてつまらない本を読み続けても結局つまらなかったという感想にしかならない。
3　苦手な本を読むよりも、苦手なものを食べるほうがずっと苦痛である。
4　自分の見立てを証明するために苦手な本を読むことは時間のムダなのでおすすめはしない。

問題11 次の(1)から(3)の文章を読んで、後の問いに対する答えとして最もよいものを、1・2・3・4から一つ選びなさい。

(1)
　箸は独特な道具です。世界の3割ほどの人が箸を使う食文化に属します。もちろん、日本も含まれます。

　では、問います。日本で生まれ育った皆さんは、箸を正しい持ち方で使っているでしょうか。調査によれば、大人でも7割しか正しく箸を持っていないそうです。自信のある人でも間違っていることがあります。細部の判定基準を厳しくすると、正しい持ち方の人は、なんと半数にまで減るのです。

　箸になじんでいる日本人でさえ、これほど箸の使い方は千差万別なのです。当然、箸に慣れていない欧米人は、さぞかし箸の扱いが下手だろうと想像されます。

　ところが実際には逆です。欧米人は意外と正しい持ち方をするのです。昨今の世界的なアジア料理ブームで、箸を使う機会の増えた欧米人の多くは、大人になってから正しい箸の持ち方を習っています。これがポイントです。

　まだ手先が不自由な幼少時代に無理やり持たせられるよりも、分別ある大人になってから、前知識なく素直な心で習得するほうが、正しい使い方を、すばやく覚えることができるのです。箸の使い方、鉛筆の持ち方、自転車の乗り方、タイプの仕方—。成長の過程で長い年月をかけて身についたクセは、なかなか抜けないものです。間違ったやり方を覚え込むくらいならば、大人になってから習得したほうが効率がよいのです。

　　　　　　（池谷裕二『脳はすこぶる快楽主義 パテカトルの万脳薬』朝日新聞出版による）

（注）千差万別…物事にはいろいろな違いがあり、全てのことが同じではない

[60] これとは、何を指しているか。
1 正しい箸の持ち方の判定基準を厳しくすること
2 箸の使い方が千差万別であること
3 世界的なアジア料理ブームが起こっていること
4 大人になってから箸の持ち方を覚えること

[61] 正しい箸の持ち方をしている日本人が少ないと筆者が考える理由は何か。
1 世界の食文化から見ても箸は独特な道具だから。
2 多くの人が正しい箸の持ち方に自信を持てないから。
3 日本人より欧米人のほうが箸を使う機会が多くなったから。
4 子どもの頃に身につけた間違った箸の使い方はなかなか直らないから。

[62] この文章の内容として最も適切なものはどれか。
1 多くの日本人が正しい箸の持ち方ができないとは、あまりに恥ずかしいことだ。
2 子どもの頃に早く習得させようとすることが、必ずしも良いとは言えない。
3 大人よりも子どものほうが素直な心で、すばやく覚えることができる。
4 箸の使い方、鉛筆の持ち方などは習うよりも慣れたほうが早く使いこなせる。

(2)
　かつての労働は「お金」のためではなく、「社会に参加する」ためにおこなわれていました。村の人々の共同作業で米を作ってみんなで分ける。ここではまさに、「働く」ことと「社会に参加する」ことが一体になっています。あるいは、みんなで家を作ったり、道路を作るなどといった共同作業の場合もそうでしょう。

　しかし、いまでは「働くこと＝お金をもらうこと」が、社会に参加することだと考えられています。お金をあいだにはさむことによって、実際の「働く」ことがどのように社会に役立っているのかが見えにくくなっています。

　また、「お金を稼ぐ」ことに引きずられて、「営利事業」や「働く」ことの中身がないがしろにされてしまう傾向があります。これは、本来の目的である「社会を成り立たせ、まわす」ことを直接の目的にせず、「お金を稼ぐ」ということが労働の直接の目的になってしまっているからです。

　実際に、どんなによい仕事をしていても、それが「営利事業」として評価され、お金を稼げなければ仕方ありません。（中略）

　つまり、「あなたがやっている労働は、本当の労働なのか」ということを、「お金」が稼げているかどうかで判断している。それがいまの社会なのです。

　　　　　　　　　　　　　　　（今野晴貴『君たちはどう働くか』皓星社による）

（注）営利事業…会社の利益のために仕事をすること

63 ①いまでは「働くこと＝お金をもらうこと」が、社会に参加することだと考えられていますとあるが、なぜか。

1　今は共同作業で米や家、道路を作る必要がなくなったから
2　昔はお金をもらうために働く時間の余裕がなかったから
3　働くことが社会に参加することであるという意識が薄れてしまったから
4　働くことがいまの社会にあまり役立たなくなってしまったから

64 ②本当の労働とはどのようなことか。

1　他の人と一体となって共同作業を行うこと
2　社会を成り立たせて、社会を回すこと
3　より多くのお金を稼ぐこと
4　良い仕事をして、高い評価を受けること

65 この文章の内容として最も適切なものはどれか。

1　昔は労働と社会参加の境界がなかったが、今は二つの間にお金が挟まっているせいで労働と社会参加が結びつかなくなってしまった。
2　昔は村の人と共に働かなくてはならなかったが、今は「働く」ことの内容を自分自身で選ぶことができるようになった。
3　今はお金を稼ぐだけで社会に参加していると認められるので、わざわざ社会に参加する必要はなくなってしまった。
4　今も昔も労働の目的は社会に役立っていることだという考え方は全く変わっていない。

(3)
　①人は手に入れたものの喜びに浸り続けることはできない。進化心理学者のダニエル・ネトルはこの人間の習性をこんな風に例えている。「イチゴ畑が気に入っていても、向こうの川に鮭の良い漁場があるかもしれない」と人は思うと。

　生きていくには、イチゴ畑があれば充分だし、新たな挑戦もせずに済むので楽なはずだが、それではなぜか人は飽き足らない。生物学的な説明はこうだ。持っているもの（イチゴ畑）を過剰に評価していると、環境が変わったときに生き残れなくなる。そして新たな糧（注）を見つけることができれば、イチゴ畑がダメになっても生き残れる。だから新しいもの、次の新しいものを人間は求める。

　今持っているもので飽きずに満足できた方が人間は幸せなはずだ。しかし、今持っているものに飽きて、新しいものを求めるように本能に仕向けられている。

　だから、どこまで行っても悩み、不安が出てくる。人はそれを見つけてくる天才なのだから。どんな環境にも慣れ、飽きる。人はその機能によって繁栄したのだから。

　悩みや不安。それは自分の問題と捉えるより、生まれつき人に備わってしまっている仕組みだと考えたほうがいい。音楽家の前野健太さんにはこんなタイトルの曲がある。「悩み、不安、最高!!」。いつまでも一緒にいる必要があるなら、②いっそ友人になってしまう。

（佐々木典士『ぼくたちは習慣で、できている。』ワニブックスによる）

（注）糧…食べ物や生きる力になるもののこと

66 ①人は手に入れたものの喜びに浸り続けることはできないとあるが、なぜか。
1 生きていくためには今持っているものだけで充分だから
2 今持っているものを過剰に評価しているから
3 今持っているものに満足していたいから
4 今持っているものに飽きて、新しいものを求めるから

67 ②いっそ友人になってしまうとは、どういうことか。
1 不安は今後も付き合っていくものなのだと認め、楽しもうとすること
2 不安を見つけてくる天才に、不安の慣れ方について相談すること
3 悩みや不安を自分の問題と捉えるのではなく、友人と共有すること
4 人に生まれつき備わってしまっている仕組みだからといって、諦めないこと

68 この文章の内容として最も適切なものはどれか。
1 人は生き残るために新しく良い環境を探し続けて、悩んでいる生き物である。
2 悩みや不安をなくすためには、環境に飽きないように意識することが大切だ。
3 人は慣れた環境に飽きる本能があるがゆえに、悩みや不安を常に抱えている。
4 人はどんな環境にも慣れ、飽きることによって繁栄し、悩みや不安を克服した。

問題12 次のAとBの文章を読んで、後の問いに対する答えとして最もよいものを、1・2・3・4から一つ選びなさい。

A

　日本では地方の過疎化や少子高齢化による人手不足が深刻な問題となっている。これらの問題に対応するため、あるコンビニでは、店内に店員がいない「無人コンビニ」を始めている。普通のコンビニでは、レジには必ず店員が必要であるが、24時間営業のコンビニにとってどれだけ高い給料を出しても店員を集めることは簡単ではない。しかし無人コンビニなら、人手不足が解消できるだけではなく、過疎化が進む地方でも営業しやすくなる。さらに、店員がいないことで人件費を減らすことができるため、コスト面の負担を大きく減らすことができる。これは、コストを減らしたいと考えているコンビニにとって大きなメリットであろう。

　また、無人コンビニができる理由の一つには、キャッシュレス決済の普及がある。キャッシュレス決済が基本となる店舗では、お店に現金を置かなくてもよくなるので、安全面でのメリットも大きい。

　無人コンビニの導入は、コスト面や経営面、安全面での負担を新しい技術によって乗り越えようとするアイディアなのである。コンビニの挑戦によって、多くの人が場所や状況を問わず質の高い商品やサービスを利用し続けられることは、非常にありがたいことである。

（注）キャッシュレス決済…現金を使わずに支払いをする方法

B

　コンビニがある、というだけでホッとする人は多いのではないだろうか。その理由には、いつでも手軽に商品を買え、便利なサービスを利用できるからという単純なものだけではなく、コンビニには「いつも誰かがいる」という安心感が24時間あることが考えられる。例えば、何かのトラブルにあったとき、コンビニに行けばすぐに誰かの手を借りることができる。常連になれば、いつも顔をあわせる店員と交流が生まれることもある。このようにコンビニには地域社会における人と人との交流の場所としての役割があるのだ。

　しかし、最近は店内に一人も店員がいない無人コンビニが増えているらしい。最近のニュースや新聞を見ると、どのコンビニも苦しい状況にあることは十分理解できるし、コストを減らすために無人コンビニの数を増やすこともやむを得ないだろう。

　しかし、地域社会に根付いている社会的役割までなくしてはならない。コンビニから

人の温かみがなくなってしまっては、コンビニはもはや物やサービスを売るだけの、ただの箱ものになってしまう。

69 現在のコンビニの状況について、AとBはどのように述べているか。
1 普通のコンビニより、無人コンビニのほうが便利で安全である。
2 経営のコストを減らそうとしている。
3 キャッシュレス決済で支払いをする。
4 過疎化が進む地方で営業を拡大している。

70 コンビニに求められている役割について、AとBはどのように述べているか。
1 AもBも、地域社会における防犯上の安全面を確保することだと述べている。
2 AもBも、日本が抱える社会問題を乗り越えていくためのヒントがあることだと述べている。
3 Aは従来の日本人の働き方を変えることだと述べ、Bは人の存在が常にある安心感があることだと述べている。
4 Aは地域を問わず質の高い商品を安定して提供することだと述べ、Bは交流の場所としての働きが大切なことだと述べている。

問題13 次の文章を読んで、後の問いに対する答えとして最もよいものを、1・2・3・4から一つ選びなさい。

しかし、人間というものは、かっとなったら、なにをするかわからない動物である。法律で禁じられていても、その場ではなんの抑制にもならない場合がある。死んでも良いから、相手を倒したい、と向かっていくのだ。

多くの場合、自分自身の尊厳に拘っているのだろう。それが傷つけられたことが、許せない。とことんやってしまおう、と考えるようだ。（中略）

ほとんどの場合、相手が悪い、と両方が思っている。どちらも、それを説明する理屈を持っている。自分のほうが正しく、相手は間違っている、という理屈である。しかし、お互いの理屈が両方とも成立するのは、理屈の元となっている観測が違っているからだ。同じ現象でも、違った観測をし、その観測結果に基づいて理屈を作るから、結果が正反対であっても、それぞれが成立してしまう。お互いが自分が正しいと評価するのは、そういった観測に基づいているからにすぎない。

このとき、間違った観測をしてしまうのも、主観的な視点に立っていることが原因であり、つまりは自分に拘っている。自分の立場に拘っているからである。

さらには、理屈のほとんどは、さきに感情があって、それをバックアップするために捏造されたものである。つまり、怒っている、という感情が基本で、怒るための理由を考えてかなりの部分を都合良く創作しているのだ。

理屈というものは、トラブルがなにもないときには、単なる一般論でしかないから、誰でもすんなりと呑み込むことができる。たとえば、「相手の気持ちになって考える」といった言葉があって、何度も聞いたことがあるはずだ。これは、もっともな理屈であり、大勢の人たちが、そのとおりだ、と理解しているはずである。それなのに、トラブルに直面すると、頭に血が上っているから、これを忘れてしまう。

相手の気持ちになる、というのは、言葉として綺麗すぎるし、相手が誰なのか特定していないから、肝心なときに忘れてしまうのである。誰某に気をつけなさい、いつも誰某のことを大事に考えなさい、という教訓ならば、忘れずに対処できるだろう。「相手の気持ちになって」では、今向き合っている相手のことだ、と気づくのが遅れる。かっとなって血が上っている頭は、馬鹿なのである。

（森博嗣『なにものにもこだわらない』PHP研究所による）

(注1) 尊厳…自分自身が最も大切にしている精神的なもの、プライド
(注2) 捏造する…実際にはなかったことを本当にあったかのように作りかえること
(注3) 誰某…名前は言わないが、ある人

[71] 「理屈」とはどのようなものか。
1 相手を攻撃しようとする動物的な本能のようなもの
2 安定した観測結果に基づいて作られるもの
3 かっとなってしまった感情を抑制するためのもの
4 主観的な視点が入ると都合よく変わってしまうもの

[72] 結果が正反対であっても、それぞれが成立してしまうのはなぜか。
1 お互いに自分が正しいという主観で現象を捉えているから
2 最初から自分が正しく、相手が悪いと決めつけているから
3 冷静になれば、相手の理屈をすんなり呑み込めるようになるから
4 相手の気持ちになって向き合うことが大切だということを理解しているから

[73] 本文の内容に合っているのはどれか。
1 理屈とはどのような状況においても感情を抑制する働きがある。
2 人が簡単に理屈を捏造しまうのは、自分が正しいと考えているからだ。
3 馬鹿な人はすぐ頭に血が上り、かっとなりやすい。
4 「相手の気持ちになって考える」ことを教訓にすれば、争いごとはなくなる。

問題14 次の表は、市のホームページに載っている救急医療についてのお知らせである。下の問いに対する答えとして最もよいものを1・2・3・4から一つ選びなさい。

74 8月15日日曜日の午後1時に子どもが歯が痛いと訴えている。お盆休みはどこの歯医者も開いていない。診察を受けるためにはどうすればいいか。

1 救急医療センターに行く
2 休日歯科当番医療機関に行く
3 かかりつけの歯医者に行く
4 救急医療センター相談係に電話をかけて相談する

75 日曜日に高熱が出たので、救急医療センターで診察を受けた。翌日も熱が下がらなかった場合、どうすればいいか。

1 099-23-1234に電話をかけてから、救急医療センターに行く
2 099-23-4567に電話をかけてから、救急医療センターに行く
3 市のホームページを確認してから、当番医療機関に行く
4 かかりつけ医に行って診察を受ける

急な体調不良のとき

地域住民の急患患者さんの診療を行うため、かかりつけ医の病院対応がない休日・夜間にも応急診療を行っています。

◆ 休日・夜間の診療一覧 ◆

診療科目	医療機関	診療時間
内科 小児科	救急医療センター TEL： 099-23-1234	●平日：午後7時～翌朝6時 ●土曜：午後6時～翌朝9時 ●日・祝日：午前9時～翌朝6時 　（ただし翌日が休日の場合、翌朝9時まで） ※受付は診察終了時間の30分前まで
外科	休日当番医療機関	●日・祝日：午前9時～午後5時 毎月の当番医療機関は市のホームページ、広報誌でご確認ください。
歯科	休日歯科当番医療機関	●日・祝日：午前9時～午後5時 ●ゴールデンウィーク（5月3～5日） ●お盆休み（8月13～15日） ●年末年始（12月30日～1月3日） いずれも午前9時～午前11時まで 　　　　　午後1時～午後3時まで 毎月の当番医療機関は市のホームページ、広報誌でご確認ください。

◆ お願い ◆

・受診する前に、各医療機関に必ずお電話でお問い合わせください。
・受診の際は、健康保険証、各種医療証等（コピー不可）を必ずご持参ください。
・応急的な外来診療のため、お薬は1～2日分の処方となりますので、翌日はかかりつけ医の診察を受けてください。

◆ 医療機関に行くべきか迷ったら ◆

急な怪我や病気をしたとき、今すぐに病院に行った方がいいか、様子を見るだけでいいかなど、判断に迷ったときは救急医療センター相談係にお電話ください。
24時間365日対応で医師や看護師が救急相談に応じます。（ただし歯科を除く）

救急医療センター相談係　TEL：099-23-4567

模擬試験　　　　　　　　　　　　　　　　　問題用紙

N2
聴解
（50分）

注　意
Notes

1. 試験が始まるまで、この問題用紙を開けないでください。
   Do not open this question booklet until the test begins.

2. この問題用紙を持って帰ることはできません。
   Do not take this question booklet with you after the test.

3. 受験番号と名前を下の欄に、受験票と同じように書いてください。
   Write your examinee registration number and name clearly in each box below as written on your test voucher.

4. この問題用紙は、全部で13ページあります。
   This question booklet has 13 pages.

5. この問題用紙にメモをとってもかまいません。
   You may make notes in this question booklet.

受験番号　Examinee Registration Number	
名前　Name	

問題1 🔊 085

問題1では、まず質問を聞いてください。それから話を聞いて、問題用紙の1から4の中から、最もよいものを一つ選んでください。

例 🔊 086

1 青木さんに返事を送る
2 クッキーを出す
3 玄関を掃除する
4 服を着替える

1番 🔊 087

1 卒業式
2 パーティー
3 クリーニング店
4 デパート

2番 🔊 088

1 原田さん
2 コピー係
3 高木さん
4 山田さん

3番 🔊 089

1 スケジュールを確認する
2 お金に関する報告をする
3 次回のイベントの準備をする
4 みんなで食事をする

4番 🔊 090

1 おやつを食べる
2 交番に相談しに行く
3 机の上を見に行く
4 手を洗う

5番　🔊 091

1　シャツのお金を支払う
2　クーポンの有効期限を調べる
3　他に必要な物があるか探しに行く
4　シャツを預かる

問題2 🔊 092

問題2では、まず質問を聞いてください。そのあと、問題用紙のせんたくしを読んでください。読む時間があります。それから話を聞いて、問題用紙の1から4の中から、最もよいものを一つ選んでください。

例 🔊 093

1 野生動物の数が増えたから
2 里山の人が山の管理をしているから
3 里山の人が少なくなったから
4 畑の作物は栄養があるから

1番 🔊 094

1 図書館に本を返してしまったから
2 別の人が借りていったから
3 黒田先生も同じ本を持っているから
4 同じちょしゃが書いた本があるから

2番 🔊 095

1 海で泳げるから
2 遊具が新しいから
3 木に登ってもいいから
4 子どもを自由に遊ばせられるから

3番 🔊 096

1　先生が授業を休むことをゆるさないから
2　伊藤さんに借りたノートを返したいから
3　先生に授業を休むことを伝えたいから
4　しめきりが近いレポートを提出したいから

4番 🔊 097

1　事故があったから
2　有名人が来ているから
3　たくさんの人が待ち合わせをしているから
4　パトカーが来たから

5番 🔊 098
1 12時30分に西口
2 1時に打ち合わせ場所
3 12時45分にバスてい
4 12時にレストランの前

6番 🔊 099
1 建物が古いから
2 となりの人の音が気になるから
3 となりの人がこわいから
4 部屋がせまいから

問題3 🔊 100

問題3では、問題用紙に何もいんさつされていません。この問題は、全体としてどんな内容かを聞く問題です。話の前に質問はありません。まず話を聞いてください。それから、質問とせんたくしを聞いて、1から4の中から、最もよいものを一つ選んでください。

例　🔊 101

1番　🔊 102

2番　🔊 103

3番　🔊 104

4番　🔊 105

5番　🔊 106

―メモ―

問題4 🔊 107

問題4では、問題用紙に何もいんさつされていません。まず文を聞いてください。それから、それに対する返事を聞いて、1から3の中から、最もよいものを一つ選んでください。

例　🔊 108

1番　🔊 109

2番　🔊 110

3番　🔊 111

4番　🔊 112

5番　🔊 113

6番　🔊 114

7番　🔊 115

8番　🔊 116

9番　🔊 117

10番　🔊 118

11番　🔊 119

12番　🔊 120

問題5 🔊 121

問題5では、長めの話を聞きます。この問題には練習はありません。
問題用紙にメモをとってもかまいません。

問題用紙に何もいんさつされていません。まず話を聞いてください。それから、質問とせんたくしを聞いて、1から4の中から、最もよいものを一つ選んでください。

1番 🔊 122

2番 🔊 123

ーメモー

3番 🔊 124

まず話を聞いてください。それから、二つの質問を聞いて、それぞれ問題用紙の1から4の中から、最もよいものを一つ選んでください。

質問1

1　A班
2　B班
3　C班
4　D班

質問2

1　A班
2　B班
3　C班
4　D班

N2 言語知識（文字・語彙・文法）・読解 解答用紙

日本語能力試験対策 これ一冊

受験番号 Examinee Registration Number

名前 Name

〈ちゅうい Notes〉

1. くろいえんぴつ (HB、No.2) でかいてください。
   Use a black medium soft (HB or No.2) pencil.
   (ペンやボールペンではかかないでください。)
   (Do not use any kind of pen.)

2. かきなおすときは、けしゴムできれいにけしてください。
   Erase any unintended marks completely.

3. きたなくしたり、おったりしないでください。
   Do not soil or bend this sheet.

4. マークれい Marking Examples

よいれい Correct Example	わるいれい Incorrect Examples
●	⊗ ○ ◯ ◑ ⊖ ●

問題 1
1	①	②	③	④
2	①	②	③	④
3	①	②	③	④
4	①	②	③	④
5	①	②	③	④

問題 2
6	①	②	③	④
7	①	②	③	④
8	①	②	③	④
9	①	②	③	④
10	①	②	③	④

問題 3
11	①	②	③	④
12	①	②	③	④
13	①	②	③	④
14	①	②	③	④
15	①	②	③	④

問題 4
16	①	②	③	④
17	①	②	③	④
18	①	②	③	④
19	①	②	③	④
20	①	②	③	④
21	①	②	③	④
22	①	②	③	④

問題 5
23	①	②	③	④
24	①	②	③	④
25	①	②	③	④
26	①	②	③	④
27	①	②	③	④

問題 6
28	①	②	③	④
29	①	②	③	④
30	①	②	③	④
31	①	②	③	④
32	①	②	③	④

問題 7
33	①	②	③	④
34	①	②	③	④
35	①	②	③	④
36	①	②	③	④
37	①	②	③	④
38	①	②	③	④
39	①	②	③	④
40	①	②	③	④
41	①	②	③	④
42	①	②	③	④
43	①	②	③	④
44	①	②	③	④

問題 8
45	①	②	③	④
46	①	②	③	④
47	①	②	③	④
48	①	②	③	④
49	①	②	③	④

問題 9
50	①	②	③	④
51	①	②	③	④
52	①	②	③	④
53	①	②	③	④
54	①	②	③	④

問題 10
55	①	②	③	④
56	①	②	③	④
57	①	②	③	④
58	①	②	③	④
59	①	②	③	④

問題 11
60	①	②	③	④
61	①	②	③	④
62	①	②	③	④
63	①	②	③	④
64	①	②	③	④
65	①	②	③	④
66	①	②	③	④
67	①	②	③	④
68	①	②	③	④

問題 12
69	①	②	③	④
70	①	②	③	④

問題 13
71	①	②	③	④
72	①	②	③	④
73	①	②	③	④

問題 14
74	①	②	③	④
75	①	②	③	④

N2 聴解

日本語能力試験対策 これ一冊 解答用紙

作問協力

文字・語彙・文法
柴田昌世　日本国際協力センター　登録講師

読解・聴解
小田佐智子　西南学院大学国際センター　講師

日本語能力試験対策 これ一冊 N2
にほんごのうりょくしけんたいさく　　　　いっさつ

2023年9月25日初版　第1刷　発行
2025年9月8日初版　第3刷　発行

編　　著	アスク編集部
イラスト	花色木綿
カバーデザイン	岡崎裕樹
翻　　訳	株式会社アミット
ナレーション	中村太亮、鍋井まき子
Ｄ Ｔ Ｐ	株式会社光邦
印刷・製本	株式会社光邦
発 行 人	天谷修身
発　　行	株式会社アスク
	〒162-8558 東京都新宿区下宮比町2-6

乱丁、落丁本はお取り替えいたします。許可なしに転載、複製することを禁じます。

©2023 Ask Co., Ltd.　Printed in Japan　ISBN978-4-86639-670-5

書籍に関するお問い合わせ
PC https://ask-books.com/support/　

解答解説
日本語能力試験対策
これ一冊
N2

目次

- ■ 言語知識（文字・語彙・文法） p.2
- ■ 読解 p.14
- ■ 聴解 p.36
- ■ 模擬試験 p.90

文字・語彙・文法

漢字読み　　　　　　　　　(p.8〜9)

1 1 じもと：local

2 3 おおや：landlord
　2 大家（たいか）：expert

3 1 じつぶつ：actual item

4 3 へんぴん：return an item

5 3 しつど：humidity
　4 室温（しつおん）：room temperature

6 4 あらためて：once again
　1 確（たし）かめる：confirm
　2 絡（から）める：entangle
　3 まとめる：summarize

7 1 ことなる：differ
　2 重（かさ）なる：overlap

8 2 こわれた：broken
　1 敗（やぶ）れる：be defeated、破（やぶ）れる：be torn
　3 割（わ）れる：cracked
　4 漏（も）れる：be leaked、洩（も）れる：be seeped

9 2 しょるい：documents

10 2 しゅと：national capital
　1 州都（しゅうと）：state capital、舅（しゅうと）：father-in-law
　3 出頭（しゅっとう）：attendance

11 3 さびしい：lonely
　1 悲（かな）しい：sad
　2 恋（こい）しい：missed

　4 懐（なつ）かしい：nostalgic

12 1 ぎょうれつ：queue
　2 後列（こうれつ）：back row
　4 高齢（こうれい）：old aged、恒例（こうれい）：regular

表記　　　　　　　　　(p.10〜11)

1 2 就職（しゅうしょく）：employment

2 1 綿（めん）：cotton
　2 絹（きぬ）：silk
　3 糸（いと）：thread
　4 紙（かみ）：paper

3 3 家賃（やちん）：rent
　4 運賃（うんちん）：freight

4 4 広大（こうだい）：vast
　1 拡大（かくだい）：expansion

5 4 指摘（してき）：indication

6 1 争（あらそ）う：contend
　2 競（きそ）う：compete
　3 戦（たたか）う：fight

7 2 畑（はたけ）：field
　1 田（た）：rice paddy
　3 町（まち）：town

8 3 予防（よぼう）：prevention

9 1 進路（しんろ）：route

10 1 学（まな）ぶ：learn

3 遊ぶ：play

11 3 額：forehead
1 顔：face
2 頭：head

12 1 危険：hazard

語形成 （p.12〜13）

1 3 率　接種率：vaccination rate
率＝％：出席率、支持率、投票率、視聴率、感染率

2 4 家　小説家：novelist
〜家：作家、政治家、画家、漫画家、音楽家、建築家、専門家
2 〜師（技術を持ってる人）：医師、教師、牧師、美容師、看護師
3 〜士（専門の仕事に就く資格を持っている人）：弁護士、栄養士、建築士、消防士、運転士

3 2 費　交通費：transportation costs
〜費：交通費、医療費、光熱費、生活費、宿泊費
1 〜金：入学金、売上金、奨学金
3 〜賃：電車賃、手間賃
4 〜料：手数料、授業料、使用料、入館料、入園料
＊〜代：修理代、電気代、水道代

4 2 中　一晩中：overnight
〜中＝その期間ずっと：一日中寝ていた。一年中暑い。

5 1 製　日本製：made in Japan
中国製のシャツ、木製のイス、スチール製のテーブル

2 〜産：フィリピン産のバナナ
3 〜風：和風ドレッシング、西洋風の家
4 〜的：積極的、楽天的、国際的、具体的、基本的、比較的、一方的、個人的、自動的、伝統的、魅力的

6 1 非　非効率：inefficient
非〜：非常識、非公開、非公式、非売品
2 無〜（〜がない）：無差別、無関係、無意識、無関心、無条件、無期限、無得点、無制限、無免許、無表情、無計画
4 不〜：不可能、不必要、不健康、不安定、不自由、不公平、不景気、不自然、不合格、不規則、不器用、不注意、不親切

7 3 全　全世界：global
1 総〜（全部合わせた）：総生産、総人口、総選挙、総攻撃、総収入
2 各〜（それぞれの）：各方面、各家庭、各クラス

8 1 不　不可能：impossible

9 2 多　多文化共生：multiculturalism
多〜：多角的、多目的、多方面、多人数、多趣味、多人数
1 超〜：超特急、超小型、超音波、超能力
3 大〜：大家族、大企業、大部分、大自然
4 高〜：高収入、高カロリー、高気圧
↔ 低〜

10 1 ぶり　5年ぶり：first time in 5 years
5年ぶり＝5年経ってまた

11 2 ごろ　見ごろ：best time to see
見ごろ＝見るのにいい時期：食べごろのバナナ、飲みごろのワイン

12 1 たて　ペンキぬりたて：freshly painted

ぬりたて＝ぬったばかり：焼きたてのパン、炊きたてのごはん、生まれたての赤ちゃん

13 4 おき　5分おき：every 5 minutes

5分おき＝5分の間隔で

14 1 だらけ　ゴミだらけ：littered with garbage

ゴミだらけ＝ごみでいっぱい：血だらけ、傷だらけ、ほこりだらけ、間違いだらけ

文脈規定 (p.14〜16)

1 1 アレルギー：allergy
  2 ウイルス：virus
  3 ワクチン：vaccine
  4 オーバー：over

2 2 コール：call
  1 プッシュ：push
  3 トーク：talk
  4 パス：pass
  ★ フリーパス＝遊園地で乗り放題のチケットとして使われる

3 1 ボーナス：bonus
  ★ ボーナス＝毎月の給料とは別に払われる特別なお金
  2 サラリー：salary
  3 ローン：loan
  4 フォーム：form

4 3 わざわざ：deliberately
  ★ わざわざ＝時間や労力をかけて
  1 せっかく：despite
  2 とりあえず：for now
  4 どうせ：anyway

5 1 今にも：at any moment
  ★ 今にも＝すぐにも
  2 まさか：by no means
  3 どうせ：anyway
  4 いちおう：roughly

6 2 勝手に：selfishly
  ★ 勝手に＝許可なく、自由に
  1 意外に：surprisingly
  3 単に：simply
  4 必死に：desperately

7 2 目がない：have a weakness for
  ★ 目がない＝大好き
  1 口がうまい：good talker
  3 口にする：to speak of
  4 目にする：to see

8 1 頼もしい：dependable
  ★ 頼もしい＝頼りになる
  2 人なつっこい：friendly
  3 ずうずうしい：brazen
  4 そそっかしい：careless

9 1 分別：separation
  ★ 分別＝種類を分ける
  2 分解：decomposition
  3 分担：division
  4 分裂：split

10 2 転送：forward
  1 受信：receive
  3 添付：attach
  4 削除：delete

11 3 通（とお）して：let through
　★ 目を通す＝簡単に読む
　1 盗む：steal
　2 入れる：let in
　4 向ける：turn toward

12 2 落（お）として：drop
　★ 肩を落とす＝がっくりする、残念
　1 上げる：raise
　3 回す：turn
　4 振る：swing

13 1 大事（だいじ）を取（と）って：play it safe
　2 大切：important
　3 大変：troublesome
　4 大分：mainly

14 1 徒歩（とほ）：on foot
　★ 徒歩＝歩いて
　2 散歩：stroll
　3 歩道：sidewalk
　4 歩行：walk

15 4 切（き）れて：cut
　1 伸びる：stretch
　2 なくなる：disappear
　3 離れる：leave

16 3 手（て）：hand
　1 足：foot
　2 目：eye
　4 耳：ear

言（い）い換（か）え類義（るいぎ） (p.17〜19)

1 1 苦情（くじょう）
　苦情：complaint, grievance
　2 感謝：gratitude
　3 謝罪：apology
　4 許可：permission

2 1 節約（せつやく）
　節約：save, thrift
　2 借金：debt
　3 大金：large sum of money
　4 契約：contract

3 2 オーダー
　オーダー：order
　1 リーダー：leader
　3 コーナー：corner
　4 クーポン：coupon

4 3 チャレンジ
　チャレンジ：challenge
　1 チャンス：chance
　2 パス：pass
　4 チェンジ：change

5 4 あだ名（な）
　あだ名：nickname
　1 名前：name
　2 本名：real name
　3 氏名：first name

6 1 できるだけ
　できるだけ：as much as possible, as much as one can
　2 もっと：more
　3 必ず：certainly
　4 どうしても：by all means

7 2 ゆっくり
　ゆっくり：slowly, leisurely

1 たっぷり：plentiful
3 めっきり：sparingly
4 こっそり：stealthily

8 4 忙しい
忙しい：hurried, busy
1 落ち着いた：calm
2 ありふれた：common
3 ひまな：spare

9 1 知られて
知られる：be known, be found out
2 怒られる：be scolded
3 ほめられる：be praised
4 誘われる：be invited

10 4 引き出したら
引き出す：withdraw
1 入金する：deposit
2 振り込む：transfer
3 送金する：remit

11 4 やめよう
やめる：give up, stop
1 行く：go
2 予約する：reserve
3 買う：buy

12 1 採用している
採用する：hire, employ
2 リストラする：make redundant
3 募集する：to recruit
4 面接する：to interview

13 2 消した
消す：delete, erase
1 作る：create

3 送る：send
4 受け取る：receive

14 4 座らないで
座る：crouch, sit
1 たばこを吸う：smoke tobacco
2 おしゃべりする：chat
3 駐車する：park a vehicle

15 3 もうすぐ
もうすぐ：soon
1 とっくに：long ago
2 つねに：always
4 ようやく：finally

16 4 少しずつ
少しずつ：gradually, little-by-little
1 かなり：quite
2 うんと：extremely
3 一気に：at once

17 4 取り付けた
取り付ける：install
1 取り入れる：incorporate
2 取り除く：remove
3 取り扱う：handle

18 1 耳を疑った
耳を疑う：unbelievable, do not believe
2 耳が遠い：poor hearing
3 耳にする：hear
4 耳が痛い：be painfully true

19 3 手が空いたら：
手が空く：become less busy, be available
1 手がかかる：be a handful
2 手に入れる：obtain

4 手を貸す：lend a hand

[20] 4 派手な
派手な：conspicuous, showy
1 立派な：respectable
2 地味な：plain
3 質素な：simple

用法 (p.20〜24)

[1] 1 この薬は一週間を目安に飲みきってください。
2 今年の目標は新しい資格を取ることです。
3 セールで目当ての物を買えたのでうれしい。
4 あの人が何歳か全然見当もつかない。

[2] 4 入学の手続きに手間がかかった。
1 毎日同じことを繰り返せばきっと上手になる。
2 彼は何を始めても長続きしない。
3 電波が弱くてインターネットに接続/アクセスできない。

[3] 3 会社に新しいシステムが導入され便利になった。
1 うちの近くにジュースの自動販売機が設置された。
2 そろそろマイホームを購入したい。
4 お金を投入してボタンを押すと切符が出る。

[4] 3 「がっこう」を漢字に変換する。
1 予定を変更してください。
2 ひげをつけて変装した。
4 学生同士で意見を交換した。

[5] 3 相手の話をただうなずいて聞いていた。
1 手で顔をおおってしゃがみこんだ。
2 娘は不満げに母親の顔を見上げた/見た/にらんだ。
4 物が飛んできて目をつぶってしまった。

[6] 1 この仕事は田中さんにまかせるよ。
2 あとで行くから、先に料理を注文しておいて。
3 コンビニのATMでお金を下ろした/引き出した。
4 早く宿題を済ませて遊びに行きたい。

[7] 2 Tシャツを引っ張ったら破れてしまった。
1 寒くて耳がちぎれそうだ。
3 コップがちょっと欠けている/割れている。
4 ご飯を食べていたら、歯が欠けた/折れた/抜けた。

[8] 4 宿題はもう済んだの？
1 先日撮ってもらった写真が出来上がった。
2 あと数日で夏休みが終わってしまう。
3 やっと雨が止んだ。

[9] 1 食材にこだわって料理をする。
2 朝から晩までずっとゲームに夢中になっている。
3 優勝したからといって浮かれてはだめだよ。
4 うるさくて、集中して勉強できない。

[10] 3 彼女とはけんかばかりで気が合わない。
1 留学した娘のことが気がかりだ。
2 明日は運動会なので天気が気になる。
4 初対面の人と話すと気を使って疲れる。

11 2 並んでいる列に何人か割り込んできた。
1 定価の30％割引きしてくれた。
3 みんなに仕事を割り振った。
4 5÷3は割り切れない。

12 1 自然が豊かな環境で暮らしたい。
2 あの派手なシャツを着ているのが私の母だ。
3 空にはきらびやかな/無数の星が輝いている。
4 彼は若い世代から絶大な人気がある。

13 3 前髪が目にかかってうっとうしい。
1 試験の日が近づいてきていて憂鬱だ/緊張している。
2 自分の気持ちをなかなか相手に伝えられずもどかしい。
4 優勝できなくて本当に悔しい/残念だ。

14 2 彼女は初対面の人でもすぐに仲良くなれるひとなつっこい人だ。
1 彼女は何があってもさわがない冷静な人だ。
3 彼女は困っている人を助けてあげる親切な人だ。
4 彼女はいつも何か忘れ物をするそそっかしい人だ。

15 4 率直に言ってあの映画はおもしろくなかった。
1 動物は小さい音でもすぐに/敏感に反応する。
2 友達とけんかしたが、なかなか素直に謝れない。
3 これは高級なお皿なので慎重に運びましょう。

16 4 夏休みの宿題を一日で一気に仕上げた。
1 安物のドライヤーを買ったらすぐに壊れた。
2 遅刻しそうだったので急いで学校へ行った。
3 前の車が急にブレーキをかけて止まった。

17 4 面接をしてから1か月後にやっと返事が来た。
1 さっきからずっと電話が鳴っている。
2 必ず明日までに仕上げます。
3 いつかアメリカに行ってみたい。

18 3 そんなこといちいち気にしてられない。
1 明日いよいよ帰国します。
2 人はそれぞれ考え方が違う。
4 なかなかバスが来なくてイライラする。

19 1 面接のとき質問にすらすら答えられた。
2 すいすい泳げるようになった。
3 赤ちゃんは気持ちよさそうにすやすや寝ている。
4 彼は先にすたすた歩いて行ってしまった。

20 3 バランスのよい食事を取るようにしている。
1 リズム/テンポのよい音楽を聞きながら勉強する。
2 新しいデザインの冷蔵庫を買った。
4 髪型を変えたら、イメージ/雰囲気が変わったと言われた。

文法形式の判断 (p.25〜29)

1 3 を問わず

年齢を問わず＝年齢関係なく誰でも

② 1 際
ご来店の際は＝ご来店のときは

③ 4 ぬき
わさびぬき＝わさびなし

④ 1 行けないこともない
行けないこともない＝行こうと思えば行けるができれば行きたくない

⑤ 2 休んでいられない
休んでいられない＝理由があって（電話がかかってくるので）休みたくても休めない

⑥ 1 準備したかいがあったよ
準備したかいがあった＝準備してよかった

⑦ 2 あり
あり得る＝可能性がある
＊「得る」とも読む
あり得ない＝あるはずがない

⑧ 3 飲み
飲みかけのジュース＝飲み終わってないジュース

⑨ 4 にしたがって
指示にしたがって＝～指示のとおりに

⑩ 3 とたん
家を出たとたん～＝家を出たと同時に～

⑪ 1 わけがない
妹のわけがない＝妹のはずがない

⑫ 3 上で
家族と相談した上で～＝家族と相談してから～

⑬ 3 による
この地震による津波＝この地震が原因の津波

⑭ 1 言い
忙しいと言いながら＝忙しいと言いつつ

⑮ 4 べき
言うべきではなかった＝言わないほうがよかった（話者の強い考え）

⑯ 2 に沿って
資料に沿って＝資料どおりに

⑰ 1 ことだから
田中さんのことだから～＝いつも遅れてくる田中さんだから

⑱ 2 だけに
だけに＝だから

⑲ 4 に応じた
ご予算に応じた＝ご予算に合わせた

⑳ 3 以来
1年前の食事会以来＝1年前の食事会からずっと

㉑ 3 開きません
パスワードを入力してからでないと開きません＝パスワードを入力すれば開きます

㉒ 3 来るに決まってるよ
来るに決まってるよ＝必ず来るよ

㉓ 1 にて
メールにて＝メールで

㉔ 3 ところ
遅刻するところだった＝遅刻しそうだった

[25] **2 しろ**
参加するにしろ、しないにしろ＝参加してもしなくても

[26] **3 を込めて**
気持ちを込めて謝る＝心の底から謝る

[27] **1 につき**
工事中につき＝工事中なので

[28] **1 それなのに**
それなのに＝でも

[29] **2 そういえば**
そういえば〜：思い出したことを言うときに使う表現

[30] **3 だって**
だって（理由・原因）〜＝なぜなら、どうしてかというとの会話的表現

[31] **4 ということは**
ということは（前の話から判断した結果）＝じゃあ、それじゃあ

[32] **1 直しようがないよ**
直しようがない＝直す手段、方法がないので直せない

[33] **3 書いた**
書いたつもり＝自分では書いたと思ったが、実際は書いてなかった

[34] **4 とか**
寒くないとか＝寒くないそうです（伝聞）

[35] **3 願います**
ご遠慮願います＝しないでください
＊禁止表現のやわらかい言い方

文の組み立て (p.31〜32)

[1] **1** 先日、電車の中で人目もかまわずケンカをしているカップルを見かけた。
人目もかまわず＝周りを気にしないで

[2] **3** このイベントは市民の交流を目的として毎年開催されている。
交流を目的として＝交流を目的に

[3] **3** 病気をきっかけに規則正しい生活をするようになった。
病気をきっかけに＝病気が理由で

[4] **4** 宿題をやろうかやるまいか考えていたら、いつの間にか寝ていた。
やるまい＝やらない

[5] **4** すみません、道が混んでいてちょっと間に合いそうもないです。
間に合いそうもない＝間に合わない可能性が高い

[6] **1** この地球上に人間がいる限り、戦争がなくなることはないだろう。
人間がいる限り〜＝人間が〜の原因だ

[7] **4** 家庭の事情で進学をあきらめざるを得ない学生には何かしらの支援が必要ではないか。
あきらめざるを得ない＝あきらめなければならない

[8] **2** いろいろなところを元気なうちに旅行したいが、なかなか時間がなくて…。
元気なうちに＝元気でいられる間に

[9] **3** 毎年お正月になると、子どものころ父が作ってくれた料理が食べたくてたまらなくなる。
食べたくてたまらない＝とても食べたい

[10] **2** A どうしたの？ 木村さんが遅れるなんて珍しいね。
B すみません、事故があったみた

いで、なかなか電車が来なかったもんだから。
来なかったもんだから＝来なかったので

11 1 A 走って行けば、次のバスに乗れないこともないね。
B じゃあ走ろう。
乗れないこともない＝がんばれば乗れる

12 3 マラソンにかけてはクラスの誰にも負けない自信があります。
マラソンにかけては＝マラソンだけは

13 2 海外留学に先立ってこの書類を提出しなければいけない。
海外留学に先立って〜＝海外留学の前に

14 2 毎日忙しいにしてもメールの確認くらいはできると思うんだけど。
忙しいにしても＝忙しくても

文章の文法 (p.35〜37)

問題1

1 2 ことが
「つながっていきます」の主語になるようなことばが入る。

2 1 きっかけで
何が原因、理由で「自立しようかな」と思ったかを表す表現が入る。

3 2 しかしながら
「ただ自由を求めることだけが自立とは限りません」は前の段落を部分否定しているので逆接の接続詞が入る。

4 3 限りません
「ただ自由を求めることだけが自立ではない」と同じ表現になることばが入る。

5 4 ものだ
「世間は思ったほど怖くないよ」だから「困ったときにはわりと助けてくれる人がいるのが普通ですよ」と同じ表現になることばが入る。
2の「〜ものか」は否定表現になるのでこの文には合わない。助けてくれる人がいるものか＝助けてくれる人なんていない。

問題2

6 1 aから/bにかけて
範囲を表すことばが入る。

7 2 に加え
「降雪と風が強まり」と近い意味のことばが入る。

8 1 おそれがある
よくないことが起こるかもしれないときに使う表現が入る。

9 2 また
前の文の内容と同じように寒さについて書いてあるので、並列の接続詞が入る。

10 4 際は
「外出するときは」と同じ意味になることばが入る。
＊ニュースや文章などの改まった場面で使う。

問題3

11 4 捨ててしまいがちだ
「捨ててしまう人が多い」という意味になるような表現が入る。

12 2 少なくとも
最低でも2回は収穫できる。

13 2 しかし
前の文では収穫できることが書いてあるが、

ここでは腐るという反対のことが書いてあるので逆接の接続詞が入る。

14 1 にとって
「子どもの立場から見て」という意味。

15 4 いいだろう
アドバイスになるような表現が入る。

読解

メールや掲示物 (p.42〜46)

1　1

- □ ポイントサービス：loyalty point program　□ 上記：aforementioned　□ 加算：add
- □ 導入する：introduce

1	○	5行目：ポイントをつけることはできないと書かれている。
2	×	4行目：「お持ちのポイントは1ポイントを1円としてお支払い時にご利用いただけます」と書かれている。
3	×	新しいサービスは2024年3月31日以降に受けることができる。
4	×	2024年3月31日以降の新しいサービスが始まったら、誕生日限定で10％割引で商品を買うことができる

2　3

- □ 注文客：ordering customer　□ 当店：this store　□ はるかに上回る：much more than
- □ お問い合わせ：inquiry　□ 通常：usual　□ 全力で：with full power　□ 製造：manufacturing
- □ 出荷作業：shipping operations　□ 日時指定：specified date and time　□ 発送前：before shipping

1	×	ギフトセットの注文はすでに終わっている。注文した商品の発送が遅れると言っている。
2	×	ギフトセットの注文が多く、発送が遅れてしまうことを伝えている。
3	○	4行目：「商品のお届けまでに通常よりお時間を頂いております」、8行目「今しばらくお待ちいただけますようお願い申し上げます」と書かれている。
4	×	日時指定されたお客様にだけ、発送日をメールで連絡すると書いてある。

3　3

- □ 報道：news press　□ 食品価格：food prices　□ 値上がり：price increase　□ やむを得ず：unavoidable
- □ 改定：revision　□ 末永く：longevity

1	×	2、3行目：長年、お客に愛されるように努力してきたと書いてあるが、最も伝えたいことの導入部分である。
2	×	4、5行目：ニュースで言われている「全国的な食品価格の値上がり、電気、ガス料金の値上がり」が価格改定の原因である。
3	○	6、7行目：「やむを得ず価格を改定することにいたしました」と書いてある。
4	×	味とサービスの向上を続けていくと書かれているが、この文章の締めのことばとして使われている。

4 2

- 要望：request　□ 乗馬体験：horse riding experience　□ 企画：plan　□ 添付：attachment
- 部署：department　□ 総務部：general affairs department　□ 速やかに：promptly

1　×　総務部に直接連絡するのは、旅行前に質問したい場合である。
2　○　5、6行目：各部署に参加希望表が回ってくるので、そこに出席と書く。
3　×　旅行当日の集合時間と集合場所のこと。
4　×　岡本さんに電話するのは、旅行中に質問したい場合である。

5 2

- 開催する：host　□ 規制：regulation　□ 車両通行禁止：closed to vehicles　□ 周辺：vicinity
- 渋滞：traffic congestion　□ 公共交通機関：public transportation　□ 配送：delivery　□ 業務：business
- 実行委員会：organizing committee

1　×　みなと祭りの開催によって交通規制が行われることを説明している。
2　○　交通規制が行われる理由、場所、時間、協力のお願いが書かれている。
3　×　渋滞が起こる原因は、交通規制が行われるからである。
4　×　交通規制について地域に住む人、配送業の人に理解と協力を求めている。

読解

内容理解

 (p.52～57)

1 3

- □ デタラメ：nonsense　□ 抵抗する：resist　□ 脳科学：brain science　□ 膨大な：enormous
- □ 攻略法：strategy

1 ×　2行目：好きでも得意でもないことは「やってもできない」ので、克服して減らしていくことは難しい。
2 ×　1行目：やればできるという人はいっぱいいると書いてあるが、全て任せればいいとまでは書かれていない。
3 ○　6行目：「やってもできない」を前提として、人生の過ごし方を考えていくべきであると書かれている。
4 ×　4行目：やりたくない気持ちはやらなきゃいけない気持ちに対抗できないと書かれている。

2 2

- □ 記憶：memory　□ 尊重する：respect　□ 優秀：excellent　□ 記憶力：memorial power
- □ 中年：middle age　□ なりがち：tend to　□ 真の：true　□ 記憶頼み：memory dependent
- □ ボケ知らず：not senile

1 ×　年を取っても優秀な人は自分の頭で考える人であり、記憶力がいい人が必ずしも自分の頭で考えられる人ではない。
2 ○　2行目に「中年になってものを覚えられなくなる」と書かれている。そして、自分の頭で考えられる人はボケ知らずでいられると書かれている。
3 ×　記憶人間が尊重されるのは学校であり、中年になって記憶力が悪くなったから尊重されなくなったわけではない。
4 ×　3行目：記憶頼みをやめたときに、真の姿（自分の頭で考えられる人かそうではないか）がわかると書かれているが、本当の姿を見せようとして、記憶頼みをやめるわけではない。

3 4

- □ 心得：knowledge　□ 要は：essentials　□ この世：this world　□ 知ったかぶり：know-it-all

1 ×　1行目：聞法とは仏教の教えを聞くことである。
2 ×　5行目：同じような経験をした人でもそれぞれ違うと書かれている。
3 ×　6行目：知ったかぶりをする人は聞き出す力を身につけられないと書かれているが、仏法を聞くべきだとは書いていない。
4 ○　2、3行目：「自分の経験を捨てて、初めて聞くという思いで聞く」と書かれている。

4 3

□ 若手：youngster　□ 制作者：creator　□ 才能：talent　□ 通常：usual　□ 備わっている：possesses
□ 能力：ability　□ 捉える：capture　□ 努力：effort

1　×　若手の制作者は「才能がないので」という人が多いと書かれているが、学ぶことをいやがっているとは書かれていない。
2　×　才能がある人は、どんな仕事でも好きになるとは書かれていない。
3　○　4、5行目：「まるで空気を吸うように日々学び続けているような人こそ、本物の才能の持ち主だと思います」と書かれている。
4　×　5、6行目：「「自分の仕事を好きになること」は自発的なことなので、決して人から教えられて身に付くものではない」と書かれている。

5 2

□ 時系列：timeline　□ 淡々と：indifferent　□ 遡る：trace back

1　×　1、2行目：普通は縄文時代から近代へと時系列的に学んでいるが、すばやく理解できるようになるとは書かれていない。
2　○　4〜6行目：時代を遡り、また現代に戻ることで関連付けしやすく、学ぶ目的があるのではないかと書かれている。
3　×　1、2行目：明治・大正・昭和は簡単に終わってしまうだけで、勉強しないわけではない。
4　×　6、7行目：時系列的な学習をやめることで、今を生きている実感が得られるのではないかと書かれている。

6 1

□ 長けている：skilled　□ 場を設ける：set the scene　□ あらわにする：make a scene　□ 廃れる：abolish
□ 巧みに：cleverly　□ 操る：manipulate

1　○　4、5行目：「日本では感情をあらわにすることが是とされてきませんでした」と書かれている
2　×　日本人はあまり感情をストレートに出さないとは書いてあるが、何を考えているかわからないとは書かれていない。
3　×　感情をコントロールすることに長けていると書いてあるが、日常的にトレーニングを行っているわけではない。
4　×　葬儀で談笑することは「感情をあらわにしない」例であり、一般的な葬儀のルールではない。

7 4

□ 定着する：establish　□ 望ましい：desirable　□ ニュアンス：nuance　□ 退ける：repel

1	×	1、2行目：結婚しないという選択肢が増えることはいいことだと書かれている。
2	×	誰かに嫌われてしまうとは書かれていない。
3	×	2、3行目：「婚」にまつわるフレーズが強調されていると書いてあるが、結婚に関する新しい言葉が増え続けているわけではない。
4	○	4、5行目：結婚を人生のポイントとしてとらえるような言葉や質問を退けたいと書かれている。

8 4

☐ 本質的に：essentially　☐ 性質：nature　☐ 経済成長：economic growth　☐ 名のもとに：in the name of
☐ 都市化：urbanization　☐ 郊外：suburbs　☐ 登山ブーム：mountain climbing trend
☐ 重宝する：be useful

1	×	経済成長は、都市化が進んで自然が減ってしまった理由である。
2	×	街のなかに公園を作っているのは、自然への欲求を満たそうとしているからである。
3	×	5行目：「それを満たしてくれる身近な存在」とあり、ペットが重宝される理由は「身近な存在ある」ではなく、「それを満たしてくれる」からである。
4	○	人間が自然から遠ざかっているから、自然への欲求を満たすためにペットを重宝するようになったと書かれている。

9 3

☐ 割り切る：divide　☐ 恐れず：fearless　☐ ドラマ：drama　☐ 一要素：one element
☐ 全編：full-length　☐ 突き落とされる：thrust　☐ 展開：unfold　☐ 這い上がり：crawl up

1	×	2行目：「迷惑をかけることを恐れず、他人に助けてもらえばいいと思う」と書かれている。
2	×	1行目：「他者に迷惑をかけずに生きていくことができない以上は、もうそこは割り切ったほうがいい」と書かれているが、迷惑をかける心配がなくなるわけではない。
3	○	3、4行目：「失敗することも自分の人生のドラマの一要素なのだから、失敗も含めて楽しんでいけばいいのではないだろうか」と書かれている。
4	×	5、6行目：「途中で突き落とされる展開があるからおもしろいし、そこからの這い上がりも楽しめるのだ」と書いてあり、ドラマはただ幸せな話だけではない。

中文 (p.58〜70)

❶

- 真意：true meaning □ 超普遍的：universal □ 行き違い：misplaced □ スルーする：ignore
- 失敗談：sob story □ 独壇場：solo □ 自己中心的：self-centered □ 必須：essential
- ファクター：factor □ 物足りない：insufficient

1 3

1	×	読解力があれば、恋愛における悩みや不安は引き起こされにくい。
2	×	コミュニケーションに自信が持てないのは読解力不足であると書かれている。
3	○	読解力不足が「相手の真意がつかめない」「感情の行き違い」「心が読めない」原因だと書かれている。
4	×	失敗談を聞いて、そこから学ぶことが読解力であるとは書かれていない。

2 1

1	○	12、13行目：「大人同士だと、お互いに読解力が備わっているため、互いの気持ちが容易に想像できて」と書かれている。
2	×	大人と若い人たちとでは感情読解のプロセスが違うのではなく、読解力の高さが違う。
3	×	ドラマを見ている人が大人でも、ドラマの展開が簡単に理解できてしまうとは書かれていない。
4	×	テレビや映画の恋愛ドラマは、若い人たちしか見ないとは書かれていない。

3 3

1	×	感情の読み違いが盛り上がるのはドラマなどの場合で、現実では、不安や悩みを持つことになる。読解力があれば、感情の読み違えが起こりにくく、不安や悩みが少なくなる。
2	×	読解力が高い人は感情の読み違いが起こりにくいので、むしろ恋愛におけるドラマチックな展開が起こりにくい。
3	○	恋愛における悩みや不安は読解力不足から起こるので、読解力をあげることで不安、悩みを減らすことができる。
4	×	いつの時代も恋愛について悩みがあると書かれているが、必ずしも恋愛が読解力を低下させているわけではない。

❷

- 本質的：essential □ 利：benefit □ 容易に：easily □ 支配する：control □ 大原則：main principle
- 不確実性：uncertainty □ 暴力：violence □ うつわ：receptacle □ 余白：white space

4 4

1 ×　問題は、「これをしてあげたら相手にとって利になるだろう」という思い込みが強くなって、「相手は喜ぶべきだ」になることだから、相手に伝わるかどうかは関係ない。
2 ×　9〜11行目：相手が実際にどう思っているかは分からないからといって、それが押し付け、または暴力になるわけではない。
3 ×　相手が利他の心を利用してコントロールしようとするとは書かれていない。
4 ○　6行目：「相手は喜ぶべきだ」と書いてあることから、利他の心が押し付けになっていることがわかる。

5 4

1 ×　相手が実際にどう思っているかはわからないが、相手に確かめるべきだとは書かれていない。
2 ×　14行目：「自分で立てた計画に固執せず、常に相手が入り込めるような余白を持っていること」とあるので、相手を支配することではない。
3 ×　8行目：「利他の大原則は、「自分の行為の結果はコントロールできない」ということ」とあるので、利他とはコントロールすることを目的としない。
4 ○　「常に相手が入り込めるような余白」「自分が変わる可能性としての余白」がうつわのようだと書かれている。

6 3

1 ×　4、5行目：「相手が実際に同じように思っているかどうかは分からない」と書かれている。
2 ×　10、11行目：押しつけることがひどい場合には暴力になると書かれているので、押し付け＝暴力というわけではない。
3 ○　14、15行目：本文では余裕を「余白」と表現しており、「常に相手が入り込めるような余白」「自分が変わる可能性としての余白」があって、受け止められるものだと書かれている。
4 ×　1行目：「これをしてあげたら相手にとって利になるだろう」と考えることが利他であるが、自分にとっても利になって返ってくるとは書かれていない。

❸

□ 身の上：personal　□ タフ：tough　□ 街角：street corner　□ 死別：bereavement
□ 構成要素：component　□ 巧みに：cleverly　□ 度合い：degree　□ ノウハウ：know-how
□ 風当りが強い：windy　□ 敬う：respect　□ 配慮する：consider　□ 観点：perspective　□ 喪失：loss

7 3

1 ×　1行目：筆者は明るく生きている高齢者はすごいと思っているが、それが構成要素であるとは書かれていない。
2 ×　6行目：令和時代の高齢者は見た目が若いとは書かれているが、構成要素であるとは書かれていない。

| 3 | ○ | 2、3行目：死別とは家族や友人などが亡くなってしまったということ。「自分自身のアイデンティティの構成要素と言えるものを失ってきた」とあるので、構成要素とは死別した相手＝親しい人ということである。 |
| 4 | × | 10、11行目：「テクノロジーの進歩によって高齢者ならではの知恵やノウハウが時代遅れになる」とあるが、高齢者が知恵やノウハウを失ったわけではない。 |

8 4

1	×	今までに何度も死別を経験していることは、高齢者に配慮することが難しい理由にはならない。
2	×	4、5行目：「インターネットを巧みに使いこなして活躍している高齢者などは、本当はとても凄い人々」とあるので、敬う気持ちはある。
3	×	1の解答同様、自分自新の構成要素だったはずのものを失ったことは、高齢者に配慮することが難しい理由にはならない。
4	○	下線部の前にある「そうした時代」とは、10、11行目の「少子高齢化が進み、テクノロジーの進歩によって高齢者ならではの知恵やノウハウが時代遅れになっている昨今」のこと。つまり、この時代に高齢者が活躍することが難しくなったことが理由である。

9 1

1	○	13、14行目：「たくさんの喪失を経験してもなお何者かでありつづけてきたすごい人」と書かれている。
2	×	確かに高齢者は健康をなくして、肉体的ハンディキャップを抱えながらも生きているが、もっと配慮するべきだとは書かれていない。
3	×	若者よりも高齢者が死別を経験している度合いが高いことは間違いないが、少子化が背景であるわけではない。
4	×	10、11行目：高齢者の知恵は時代遅れになっているとあるが、インターネットの使い方などを学ぶべきだとは書かれていない。

❹
□ 同質：homogeneous □ 異質：heterogeneous □ 圧力：pressure □ 屈する：succumb
□ 過剰：excess □ 同調圧力：peer pressure □ 正当化：justification □ 極端な：extreme
□ 称賛：praise □ 確信：conviction □ 一体感：unity □ 脅かす：threaten □ 排除する：eliminate

10 3

1	×	3行目：「異質であると思うだけならいい」とあるので、わざわざ正当化する必要はない。
2	×	2行目：「同質のものの中で暮らしていると、異質なものに気づきやすくなる」とあるが、正当化する必要はない。
3	○	4、5行目：「異質なものは間違っているので、どうにかして自分が正しいことに同意をさせようと圧力をかけ」、6行目「もし相手が、その圧力に屈しなければ、暴力

的ともいえるほど攻撃します」とある。その攻撃を正当化するために正義ということばが使われている。

4 × 6、7行目：相手に圧力をかけることを正当化しようとしているので、逆の説明をしている。

11 1

1 ○ 11、12行目：「自分の正義が認められた、自分は間違っていないと確信を強めることができます」とあり、13行目「称賛され、共感されることで、社会と一体感を感じることができます」と書かれているので、正義は同質の中で自分の居場所を守るために使われていることがわかる。

2 × 「ネット空間では、どんなに極端な正義であっても、一定数の「いいね！」をもらえます。」と書かれているが、たくさんの「いいね！」をもらうために正義を使うわけではない。

3 × 13行目：「称賛され、共感されることで、社会と一体感を感じることができます」とあるが、社会と一体感を感じるために正義が使われているわけはない。

4 × 2行目：「同質のものの中で暮らしていると、異質なものに気づきやすくなります」と書かれているので、正義とは関係ない。

12 3

1 × 自分が正しいことを相手に同意させようとする傾向はあるが、無駄だとは書かれていない。

2 × 人は居心地のいい場所を守るために、異質な存在を排除すると書かれているが、それをしなければならないとは書かれていない。

3 ○ 3、4行目：「異質であることは悪であり、間違っていると思う人が多い」と書かれている。

4 × 14、15行目：ここでは一体感を感じられるのは同質な人の集まりである。お互いに一体感を感じられるようになるべきだとは書かれていない。

❺

□ 突入する：charge into　□ 特殊性：peculiarity　□ 過程：process　□ 納得する：convinced
□ 基準：criteria　□ 魅かれる：fascinated　□ 主観：subjective　□ 一時的な：temporary
□ 吊り上がる：hang　□ 上昇：rise　□ 現象：phenomenon　□ 共感：sympathy　□ 言い値：asking price

13 4

1 × 誰もが納得する基準がはっきりしているのは、「食品、家具などモノそのものの商品」であり、「心や感情という商品」ではない。

2 × ゲームやアプリ、マンガやアニメ、キャラクターは「心や感情という商品」の例である。

3 × できあがるまでの作業の過程がはっきりしているのは、「食品、家具などモノそのものの商品」であり、「心や感情という商品」ではない。

4 ○ 13行目：「いわゆる「感動体験」という商品は、その価値が、人の主観に大きく依存します」と書かれている。

14 1

1 ○ 11、12行目：「そのチケットを数十万円の価格でも買いたいという人もいれば、まったく関心がない人には価値そのものが生じません」と書かれている。
2 ×　アイドルのイベントに数十万円も払える人もいれば、まったく関心がない人もいると書かれている。
3 ×　イベントが盛り上がるかどうかではなく、人の主観によって感じ方が違うと書かれている。
4 ×　13〜15行目：「一時的な高揚感、熱狂などが商品となって、その商品価値を高めていくほどに、市場での価格も吊り上がり」と書かれている。

15 3

1 ×　6行目：「もちろんそれ自体が悪いことではありません」と書かれている。
2 ×　感動体験は、できあがるまでの作業の過程も見えにくく、納得する基準がないが、基準を作るべきだとは言っていない。
3 ○ 15行目：「価格の上昇そのものが価値を示すという現象が生まれます」とあり、作業の過程や価格がない商品である。
4 ×　1行目：「いまや、心を動かされる感動体験などに人々がお金を支払う、そんな時代に突入している」と書かれているが、感動体験でしか感情が動かないわけではない。

❻

□ 科学技術社会：scientific and technological society　□ 機械論：mechanistic　□ 基づく：base on
□ 効率よく：efficient　□ 手を抜く：cut corners　□ 生命論：theory of life　□ 多様化：diversification
□ 共生する：symbiotic　□ 開発する：develop　□ 循環：circulation　□ 競争する：compete

16 3

1 ×　便利な機械を生み出すことができる＝進歩こそよい社会をつくる価値観であると書かれている。
2 ×　「より便利にすること」に価値を持っているのは、「機械論に基づく価値観」である。筆者はそれを否定している。
3 ○ 2〜4行目：「「人間は生きもの」であるという事実が科学で証明され、しかも便利（効率よく、手を抜き、思い通り）は生きもののありようとは合わないことがわかりました」と書かれている。
4 ×　これは「機械論に基づく価値観」であり、筆者は「生命論で考える必要が出てきた」と書いている。

17 4

1 ×　これは現在の科学技術社会の目的である。
2 ×　便利な機械を上手に使いこなすことは必要だが、生きものにあてはめてはいけないと書かれている。
3 ×　事実を科学で証明することが重要であるとは書かれていない。

| 4 | ○ | 前文に「進化によって多様化し、それらが共生するのが生きものなのです」と書かれている。 |

18 1

1	○	8行目：「生きものが生きやすい社会にしていきたいものです」、10行目：「多様な生きものたちと共に循環の中で生きるのが良い」と書かれている。
2	×	人間の技術によって、生きものの多様性が失われ、環境に影響を与えているとは書かれていない。
3	×	確かに技術を開発し、生きものが生きやすい社会にしていくと書かれているが、しなければならないと強く主張しているわけではない。
4	×	過程をていねいに見つめて生きることが大切だとは書かれているが、すべて機械に任せるべきだとは書かれていない。

❼

☐ 本音：true opinion　☐ 鮮度：freshness　☐ 抜群：outstanding　☐ 意図：intent　☐ 補う：compensate
☐ 記憶が薄れる：memory fades

19 2

1	×	何の技術もなくとったメモは、時間がたって内容を忘れてしまうと全く読めなくなってしまう。
2	○	1行目：「時間がたつと、自分で見ても意味が分からないものになります」と書かれている。
3	×	メモの内容がわからなくなって、内容が読めなくなってしまうことで仕事が遅れ、ストレスになってしまう。
4	×	ここでは自分で読むためのメモについて書かれているので、相手に伝わるかどうかは関係ない。

20 2

1	×	メモを取った経験については書かれていない
2	○	11行目：「時間がたつと、書いたときの記憶が薄れます」と書かれている。
3	×	時間がたって文字が読めなくなっているかどうかは書かれていない
4	×	時間を空けずに見返せば、メモの内容は理解できる

21 4

1	×	メモに鮮度があれば、多少、文字が読めなくても十分理解できると書かれているので、読みやすい文字でわかりやすく書くことは必要ではない。
2	×	記憶力を高めることが重要だとは書かれていない。
3	×	メモを取るための特別な技術について何も書かれていない。
4	○	10行目：「つまり「記憶＋メモ」で、十分に役立つ情報になるわけです」と書かれている。

❽

| □ 博士論文：doctoral dissertation　□ 卒論：graduation thesis　□ コピー&ペースト：copy and paste |
| □ 発端：origin　□ 先人：predecessor　□ 築く：build　□ 作法：method　□ 論理構成：logical structure |
| □ 構成手法：composition method　□ 編み出した：knitted　□ 模倣：imitation　□ 王道：rule by right |

22　1

1　○　前の例が自分のアイデアとして発表するためにコピーしたものと、後の例がアイデアを学ぶ方法としてコピーしたものである。
2　×　前の例は大きな話題にするためにコピーしたものであるが、後の例は自分が編み出したアイデアを書き写したものではない。
3　×　この2つは後の例である。
4　×　コピーした方法については問題になっていない。

23　4

1　×　よそからコピー&ペーストして提出した件は構成手法や、効果的な言葉使いなどを学ぶのに使われていない。
2　×　これも構成手法や、効果的な言葉使いなどを学ぶのに使われていない。
3　×　先人たちが築いてきた論文の作法や論理構成と、「構成手法や、効果的な言葉使いなどを学ぶ」は同じことを指している。
4　○　9、10行目：「構成手法や、効果的な言葉使いなどを学ぶのに「コピー」がうってつけだから」と書かれている。

24　4

1　×　コピーには「アイデアを学ぶためのコピー」と「コピーしたものを提出したり発表したりするコピー」があり、前者は問題ないと言っている。
2　×　真似をするのは論文の作法や論理構成だけなので、新しいアイデアを編み出せないわけではない。
3　×　コピーは学ぶための方法であり、いつの間にかできるようになるわけではない。
4　○　14～16行目：「このように人間の脳は、何かを模倣することで新しいことを身につけるというのが基本プロセスとなっているので、新しいアイデアを生むにも"真似"から入るのが王道なのです」と書かれている。

❾

| □ 解決する：resolve　□ ずいぶん：quite a lot　□ 正面：front　□ なおも：still　□ 恥じる：shame |
| □ 立ち向かう：confront　□ 万能：all-purpose　□ 時の流れ：passage of time　□ 揺れ：sway |
| □ 四季：four seasons　□ 種を蒔く：sow seeds　□ 感覚：senses　□ 納まる：settle　□ 傾向：trend |
| □ 事柄：matter　□ 夢中になる：become preoccupied　□ かつての：once　□ 難題：difficult problem |

25　2

1　×　日本的なやり方は、「時の流れ（＝自然の流れ）に身をまかすこと」なので、正面か

2	○	「時の流れ（＝自然の流れ）に身をまかすこと」「とりあえず放っておく」ことが、日本的なやり方であると書かれている。
3	×	3、4行目：「正面というのが、本当に正面なのかどうかわからないこともある」と書かれているが、考え続けることが特徴だとは書かれていない。
4	×	6、7行目：「逃げたと思われ、それを恥じるためなおも正面に固執するということもある」と書かれているが、これが日本的な特徴であるとは言えない。

26 **4**

1	×	病気の原因がわからないこともあるので、時の流れに身をまかせるのがいいと言っている。
2	×	「かつての難題が納まるところに納まっている」と書かれているが、これは自然の力で病気が治ることではない。
3	×	筆者は自然に身をまかせるのがいいと言っているが、その理由は医者が病気を治すからだとは言っていない。
4	○	筆者は、病気の原因がわかって立ち向かうことより、「とりあえず放っておく」ことをすすめている。

27 **1**

1	○	11行目：「今年は畑に失敗したけど、また来年種を蒔けばいいというような、その感覚が体の底の方にある。」と例があるように、筆者は病気になっても、必死に原因を探したり、固執したりするのではなく、将来は何とかなるという感覚が大切なことだと考えている。
2	×	「納まるとこに納まる」には、「とりあえず放っておく」ことが大切である。ある事柄に夢中になって上達することで、病気のことを忘れるとは書かれていない。
3	×	時間をかければ、病気の原因が特定されるというわけではない。また、病気の原因を特定することが大切だとは書かれていない。
4	×	難しい病気が簡単に治療できるようになるとはどこにも書かれていない。

❿

> □ 我慢する：endure　□ 離職する：resign　□ エッセイ：essay　□ 繰り返し：repetition　□ 我慢強い：patient
> □ 雇用：employment　□ 保証：guarantee　□ 給与：salary　□ 無能：incompetence
> □ 上司：workplace superior　□ 耐える：endure　□ 飛び込み営業：door-to-door sales
> □ 雇用形態：employment status　□ 自分の意：own will　□ 不快：uncomfortable　□ 傷つく：hurt
> □ 図る：plan to　□ ふさわしい：deserved　□ サバイバル：survival　□ 生き延びる：survive

28 **3**

1	×	1行目：「いやになるとすぐに離職してしまう」のは、最近の若者である。
2	×	昔は、上司からのひどい攻撃やいじめなどが当たり前にあったかどうかは書かれていない。

| 3 | ○ | 2、3行目：「我慢して働いていれば雇用が保証されたし、給与が上がっていった」と書かれている。 |
| 4 | × | 給与は上がらず、いつ解雇されてもおかしくない状況なのは、最近の若者である。 |

29 2

1	×	14行目：「「これを我慢しないと生き延びることができない」少なくとも、そういった場合に限っては、我慢には、意味がある」とあるので、絶対に我慢が必要であるというわけではない。
2	○	6行目：「まったく我慢しない、我慢できない人は、社会生活ができないだろう」と書かれている。我慢ができる人しか社会生活を送ることができない。
3	×	コミュニケーションを図るにふさわしいと考える相手に対しては我慢しながらコミュニケーションをすることは大切である。
4	×	1行目に「最近の若者は我慢を知らない」と書かれているが、かわいそうであるとは言っていない。

30 3

1	×	筆者は、コミュニケーションにおいて我慢すると書いているが、必ず上手くいくとは書いていない。
2	×	最近の若者は我慢を知らないと言っているが、昔の人の我慢強さを見習うべきだとは書かれていない。
3	○	筆者は、重要だと思うこと（コミュニケーション）においては我慢しており、「これを我慢しないと生き延びることができない」という場合に限っては、我慢には、意味があると書いている。
4	×	6行目「まったく我慢しない、我慢できない人は、社会生活ができないだろう」と書かれているが、社会を変えるべきだとは書かれていない。

主張理解

（p.71〜75）

❶

| 食器:tableware □ 文具:stationery □ 具体的:detailed □ 使い切る:use up □ ぼろぼろ:tattered □ 紅茶用:for tea □ ポット:pot □ マグカップ:mug □ 慣れ親しむ:become familiar □ 相性:compatibility □ 要素:element □ 尊重する:respect □ 厳しい:strict □ 目線:eye line □ 行為:act □ 普及:spread □ 容易:easy □ 明確に:clear □ 差:difference □ 数値:value □ お得:good deal □ 比べ合う:compare □ 単純:simple □ 否定:deny □ 適用:apply □ 根拠:basis □ 健全:sound □ 親ばか:gloating parent □ ムキになる:take seriously |

1 4

1　×　8、9行目：「「誰から見ても良いものと思えるか？」ということよりは、もっと一対一の気持ちのやり取りを尊重したもののように思えます」と書かれている。

2　×　6、7行目：「時間の長さや、気持ちを持つ側の個人と対象の相性など、いろいろな要素が含まれています」と書かれており、現代だからといって愛着を持ち続けることは難しいわけではない。

3　×　現代では自分の物と他人の物の差が数値によって表れると書かれているが、「他のものと比べてそれはどうか？　という厳しい目線はあまり含まないのが、愛着という感情」と書かれている。

4　○　18、19行目：「「これは長年傍にあるものだから好き」という単純な思いを否定できる言葉はありません」と書かれている。

2 2

1　×　6、7行目：「時間の長さや、気持ちを持つ側の個人と対象の相性など、いろいろな要素が含まれています」と書かれている。

2　○　18、19行目：「とても個人的な気持ちなので、対象を比べ合うことはできないのです。「これは長年傍にあるものだから好き」という単純な思いを否定できる言葉はありません」と書かれている。

3　×　9、10行目：「他の物と比べてそれはどうか？　という厳しい目線はあまり含まない」と書かれており、厳しい目線が全くないわけではない。

4　×　24行目：「愛着という気持ちは「親ばか」みたいなもの」と書かれているが、「親ばか」はあくまでたとえである。つまり、愛着を持つために親ばかであると認める必要はない。

3 1

1　○　愛着という感情は「長年傍にあるものだから好き」という単純な思いでできている。その思いはとても大事ではないかと書かれている。

2　×　他の人より良いもの、お得なものを持った人が勝ちだとは書かれていない。

| 3 | × | 18行目：「とても個人的な気持ちなので、対象を比べ合うことはできない」と書かれている。 |
| 4 | × | 25行目：「その（愛着の）根拠を示して他人をうらやましがらせようとムキにならなくてもいい」と書かれている。 |

❷

☐ 母語：native language　☐ 自覚：awareness　☐ 生じる：arise　☐ 無自覚：unaware
☐ 期待に寄せる：expect　☐ 解釈する：interpret　☐ 言い回し：phrase　☐ 意を尽くす：intend
☐ 身を乗り出す：lean forward　☐ 姿勢：posture　☐ 距離感を保つ：maintain distance　☐ 敬意：respect
☐ 滑らかに：smooth　☐ 振る舞い：behavior　☐ 目の当たりにする：witness　☐ 馴染んできた：familiar
☐ 取り結ぶ：connect　☐ 共感する：empathize　☐ 同調する：align with　☐ 尊重する：respect
☐ 呪い：curse　☐ 解放する：release

読解

4 4

1	×	3、4行目：「なまじ日本語がしゃべれるだけに『きっとわかってくれるはず』と自分の期待に寄せて解釈してしまう」と書かれている。
2	×	日本語を無自覚に話しているかどうかは問題ではない。
3	×	7、8行目：「距離感を保つことは違う文化背景を持つ相手への敬意にもつながります」と書かれている。
4	○	「意を尽くして話そうとする」「相手の話をちゃんと理解しよう」「距離感を保つこと」が相手に敬意を持って話すことである。

5 1

1	○	「私やあなたはそれぞれが独自の生き方をしてきました」ことが「特有」であり、「それに基づいて話をする」ことが、ここでは「文法」と書かれているので、1が正解である。
2	×	本文の言う「文法」は「話している人の生き方や経験」のことを指しているので、日本語の文法の難しさについては書いていない。
3	×	空気に基づいてものごとを理解することが、個人の独特の文法の理解につながるわけではない。
4	×	迷惑とワガママを判断の基準にすると、独自の文法の価値が見えなくなってしまうと書かれている。

6 3

1	×	日本語が話せる者同士でも、「自分の期待に寄せて解釈してしまう」ので、分かり合えないことや誤解が生じることがあると書かれている。
2	×	「迷惑」や「ワガママ」だと考えるのではなく、異なる文化やその人独自の考えを見て取ることが大切だと書かれている。
3	○	20行目：「誰かと同じようにしゃべらなくてもいい」と書かれている。
4	×	異なる文化背景があると理解していれば、「迷惑」や「ワガママ」のような決めつけをしなくてもすむ。つまり、相手をより正しく理解できる。

❸
- はずかしがりや：shy　□ 心理学者：psychologist　□ 誤解：misunderstanding　□ 思いこむ：assume
- 立派：admirable　□ 自己実現：self-actualization　□ 無邪気：innocence　□ 隠す：hide
- 勝手：selfish　□ モデル：model　□ 世界観：worldview　□ 囲まれる：surrounded
- 要するに：in short　□ 出来：workmanship　□ もともと：originally　□ すぐれている：superior
- 恐れる：fear　□ 甘え：spoiled　□ 自己中心的：self-centered　□ 満たされる：fulfill
- 心の底：deep down　□ 喜び：joy

7 3

1　×　はずかしがりやの人が理解できないことは、「人が人を好きになるということ」「愛されるということ」「相手に甘えること」であり、相手を理解することができないわけではない。

2　×　勝手なことをしていても好きになる人は好きになると書かれているが、はずかしがりやは人が人を好きになるということがどういうことか理解できないので、自己中心的なことができない。

3　○　14行目：「はずかしがりやの人は、自分に自信がない」、25行目「甘えたいけれど甘えを排斥したつきあいをしている」と書かれている。

4　×　はずかしがりやの人は立派なことを考えていなければ愛されないと思いこんでいるので、考えていることがわかることで他人から可愛いと思われるとは考えられない。

8 1

1　○　2、3行目：「考えていることがわかったほうが愛されるかもしれない。そのほうが愛される可能性がある」と書かれている。

2　×　11行目：「人が人を好きになるというのは、なにも相手が立派なことを考えているからではない」と書かれているので、立派なことを考える必要はない。

3　×　質問では、「他人から愛されるきっかけ」を聞いている。他人と親しくなることを恐れるはずかしがりやの人にとって、他人に甘えることはきっかけにはならない。

4　×　質問では、「他人から愛されるきっかけ」を聞いているので、人とつきあう喜びは、他人から愛されるようになってから感じるものである。

9 2

1　×　出来がいい人は可愛がられず、損ばかりするとは書かれていない。

2　○　16行目：「愛されるためには出来がいい必要はない」と書かれているように、立派なことを考えていなくても、考えていることがわかったほうが愛されると書かれている。

3　×　出来が悪い子を立派な大人に成長させなければならないとは書かれていない。

4　×　そもそも、可愛さがなければうまく生きていけないとはどこにも書かれていない。

統合理解 (p.79〜84)

❶

□ 制作：production　□ 配付用：for distribution　□ 日程：schedule　□ 変更：change
□ 注文票：order form　□ 残数：remaining quantity　□ 事情：circumstances　□ 短縮：shorten
□ 貴社：your company　□ 優先する：prioritize　□ 恐れがある：fearful　□ 当社：our company
□ 信用：credit

1 **3**

1　×　Aは、正しい。
　　　　Bは、要望には応えられないと言っているが、全くできないとは言っていない。
2　×　Aは、イベントの予定が変更になり、商品の生産を急いでほしいと言っている。
　　　　Bは、他の客からの注文が多いので、要望には応えられないと断っている。
3　○　AもBも、正しい。
4　×　Aは、グッズの納期を早くしてほしいとお願いしているが、まだ到着していない。
　　　　Bは、できた分だけをトラック便で送ると言っている。

2 **4**

1　×　イベント配布用のオリジナルグッズを急いで作成するのはBだけである。
2　×　Bはできあがった商品を順番にトラック便で発送する。
3　×　Aは8月10日までに納品可能な個数をBに質問している。
4　○　Aができることはグッズが届くのを待つことだけである。Bは150個分のグッズを発送して、残りのグッズの生産も行わなければいけない。

❷

□ 移住：emigration　□ 検討：consideration　□ 背景：background　□ 過疎化：depopulation
□ 食い止める：stave off　□ 自治体：local government　□ 積極的に：proactively　□ 手厚い：generous
□ 支援：support　□ 独自の：unique　□ 子育て世代：child-rearing generation　□ 選択肢：choice
□ 覚悟：preparedness　□ 乗り越える：overcome　□ 充実した：fulfilled　□ 特集：feature
□ 促す：urge　□ 進学先：higher education　□ 生活像：living image

1 **1**

1　○　Aの1、2行目：「過疎化を食い止めるため、国や自治体が積極的に移住者を呼び込む手厚い支援がある」Bの4行目「地方都市の人口減少を食い止めるために、特に若い世代の移住を促す支援は今後も盛んになっていくだろう」と書かれている。
2　×　Aでは、「のんびり家族と過ごしたいと望む」「田舎は素晴らしい場所のように思われる」のようにいいことも書かれているが、「実際に思い描いていた生活ができず、悩む移住者」について書いている。
3　×　田舎に移住した人に対する調査は行っていない。
4　×　Aは田舎と都会の生活の違いについて書いているが、Bは何も書いていない。

2️⃣ 4

1 ×　Aは、移住者数が増えていると書いている。Bは、支援は増えると書いているが、移住者が増えるとは書いていない。
2 ×　Aは、結局田舎を離れる移住者が増えていくのではないかと書いているが、Bは何も書いていない。
3 ×　Aは、都会の生活を紹介するべきだとは書いていない。Bは、正しい。
4 ○　AもBも正しい。

❸

> □ 新聞離れ：declining newspaper readership　□ 調査：survey　□ 発行部数：circulation
> □ ピーク時：peak period　□ 落ち込む：fall　□ 普及：spread　□ 手軽に：easily　□ さっと：quickly
> □ 分野：field　□ 素早く：very quickly　□ 事件：incident　□ スピード感：speedy
> □ 現代人：modern person　□ 溢れている：overflowing　□ 労力：labor　□ 効率的：efficiently
> □ 情報源：information source　□ 一面：full-page　□ 政治：politics　□ 経済：economy
> □ 国際情勢：international situation　□ 詰め込まれている：crammed　□ 繋がる：connect
> □ 主流：mainstream　□ 連鎖：link　□ タイトル：title　□ 流し読み：skim through
> □ 構わない：not mind　□ 溺れる：drown

1️⃣ 3

1 ×　Aは、新聞ではなく、インターネット記事が手軽に読める情報源であると書いているが、Bは、新聞が手軽に読めるものだとは書いていない。
2 ×　Aは、11、12行目に「自分に必要のない情報まで集めていては時間と労力の無駄である」と書いているので、自分の興味がない情報を読む必要はないと考えている。Bは、6行目に「情報が繋がっていくのが新聞の良いところである」と書いている。
3 ○　Aは、12、13行目に「効率的に情報を選んでいく必要がある現代人にとっては、もはや紙の新聞に戻ることは難しい」と書いている。Bは、3行目に「重要なのは、新聞にありとあらゆる情報が詰め込まれているということである」と書いている。
4 ×　Aは、必要な情報を効率的に選べるのは、インターネット記事であると書いているが、Bは、タイトルだけ読んで流し読みする程度で構わないから新聞を読むべきであると書いている。

2️⃣ 4

1 ×　AもBも、インターネット記事では自分が興味のある分野の記事だけ読むと書いている。
2 ×　Aは、インターネット記事は短くまとめられた記事である、と書いている。
3 ×　Aは、6行目に「自分の興味がある分野の情報を素早く読むことができる」と書いている。Bは、新聞記事の流し読みをすすめているが、インターネット記事を流し読みするべきだとは書いていない。
4 ○　Aは、9、10行目に「この手軽さとスピード感は忙しい現代人が求めているものではないか」と書いている。Bは、7、8行目に「主流となっているインターネット記事では、このような情報の連鎖が起こりにくい」と書いている。

情報検索

(p.88〜91)

❶

- □ 地域：region □ 分別ごみ：separated garbage □ 収集：collection □ 粗大ごみ：oversized garbage
- □ 環境課：environment division □ 専門回収業者：specialist collection business □ 幅：width
- □ 横：side □ 重さ：weight □ 分別ごみ回収ボックス：separated garbage collection box
- □ 設置する：install □ 地域役員：community officer
- □ 分別ごみ収集活動：separated garbage collection activity □ 飲食物：food and drink
- □ プラスチック製容器：plastic container □ スプレー缶：spray can □ 乾電池：dry cell battery
- □ びん：bottle □ ガラス：glass □ 紙パック：paper carton □ プラスチック製容器：plastic container
- □ 使用済電気機器：used electrical equipment □ 有料：fee-based
- □ 環境課職員：environment division staff □ 収集日：collection date □ 受付番号：receipt number
- □ 購入する：purchase □ 市指定販売店：city-designated store □ 記入する：fill in
- □ 家電リサイクル法：home appliance recycling law □ 対象品目：applicable items
- □ 電気販売店：electrical appliance store □ 自己搬入：self delivery
- □ ごみ処理工場：waste disposal plant □ 窓口：counter □ 受付後：after reception □ 係員：attendant
- □ 指示：instruction □ 従う：follow □ 品物別：by item □ 予約：reservation □ 不要：unnecessary

1 4

1 × テレビは分別ごみとして捨てることはできない。
2 × テレビは家電リサイクル法の対象品目なので、市では回収できない
3 × テレビは家電リサイクル法の対象品目なので、市では回収できない。
4 ○ テレビは家電リサイクル法の対象品目であり、専門回収業者に回収してもらわなければならない。

2 2

1 × 無料でごみを捨てられるのは分別ごみである。テーブルは分別ごみではない。
2 ○ 大広市ごみ処理工場に自己搬入すると、10kgごとに180円かかる。テーブルは24kgなので、180×2＝360円となる。
3 × 550円は粗大ごみシール1枚分の値段である。ただし、粗大ごみは一番長い部分が1mを超え、重さが40kg以下のものが対象なので、幅90cm横55cm、重さ24kgのテーブルは回収できない。
4 × 1,100円は粗大ごみシール2枚分の値段である。ただし、今回のテーブルは粗大ごみとして捨てることはできない。

❷

- □ 経済学部：faculty of Economics □ 学生寮：student dormitory □ 住居：housing □ 費用：expenses
- □ なるべく：as much as possible □ 農学部：Faculty of Agriculture □ 予算：budget □ 定員：capacity
- □ 対象者：eligible persons □ 寮費：dormitory fee □ 位置する：located
- □ 情報交換：information exchange □ 院生：graduate students □ 専門分野：specialty
- □ 共同生活：communal living □ 越える：exceed □ 築く：build □ 工（学部）：engineering (faculty)
- □ 医（学部）：medical (faculty) □ 半額：half price □ 補助金制度：subsidy system
- □ 無条件：unconditional □ 玄関：entrance □ オートロック：auto-locking door □ フロアー：floor
- □ セキュリティシステム：security system □ 設定する：set □ 管理人：manager □ 常駐：resident
- □ 談話室：common room □ 企画：plan □ 運営：management □ 共益費：common service fee
- □ 及び：and □ 光熱費：utility fees □ 入寮費：entrance fee □ 別途：separate □ 徴収：collection
- □ 指定事業者：designated operator □ 契約：contract

1 3

1 × 卒業まで利用できない。
2 × 寮費は安い（8,000円）が、卒業まで利用できない。
3 ○ 男子学生・全学年・卒業まで利用できる・安い（10,000円）。
4 × 寮費の半額補助があるが、経済学部は対象ではないため、寮費は18,000円である。

2 3

1 × 男子学生のみである。
2 × 男子学生のみである。
3 ○ 留学生の場合、寮費が半額になる。インターネットなどを含めても18,900円で予算内である。
4 × 女子留学生も入れるが、すべて含めると21,900円になる。

聴解

課題理解 (p.96〜97)

1 4 🔊 002

1　会社で女の人と男の人が話しています。女の人はこのあとまず何をしますか。
2　F：さっき工場から連絡がありました。先日から続いている大雨で交通に大きな影
3　　　響が出ているため、商品の出荷が予定通りにいかないと言っていました。
4　M：えっ。確か何件か注文、入ってたよね。今すぐ確認して。
5　F：さっき確認したところ、9件入っています。
6　M：9件か。出荷の再開はいつ頃になるって？
7　F：今後も雨が続く予報なので、交通の影響がいつまで続くかわからないと言われ
8　　　ました。
9　M：商品が間に合わないということは、倉庫にある在庫を出荷するしかないか。
10　F：私、倉庫にあるだけの商品の数を数えてきます。
11　M：それよりお客様に「大雨の影響で交通問題が発生しているから出荷が遅れるか
12　　　もしれない」って連絡してほしい。倉庫には僕が行くから。
13　F：わかりました。

14　女の人はこのあとまず何をしますか。

□ 出荷：shipping　□ 再開：restart　□ 倉庫：warehouse　□ 在庫：inventory　□ 発生する：occur

1　×　工場から連絡があったと言っている。
2　×　すでに女の人が注文を確認している。
3　×　男の人が倉庫に行くと言っている。
4　○　11、12行目：「それよりお客様に「大雨の影響で交通問題が発生しているから出荷が遅れるかもしれない」って連絡してほしい」と言っている。

2 2 🔊 003

1　入学説明会で男の人が話しています。学用品を買う場合、どうやって買いますか。
2　M：4月からの新学期を迎えるにあたり、皆様には学校指定の学用品の購入をお

3 願いしております。前年度までは、指定店舗でご購入いただいておりましたが、
4 今年度からは全てインターネットによる注文に変わりました。注文の方法につい
5 ては、お渡しした資料の5ページ目に詳しく書いてありますので、そちらをご覧
6 ください。また、学校では学用品の注文はお受けいたしかねますので、ご了承
7 ください。
8 ご兄弟やお知り合いの方から指定用品をもらい受けた場合は、必ず名前のご
9 記入をお願いいたします。

10 学用品を買う場合、どうやって買いますか。

- 新学期：new school term　□ 迎える：welcome　□ 学校指定：school-designated
- 学用品：school supplies　□ 店舗：store　□ もらい受ける：receive　□ 記入：entry

1　×　前年度までは指定店舗で買っていたが、今年から変わったと言っている。
2　○　「今年度からは全てインターネットによる注文に変わりました」と言っている。
3　×　学校では学用品の注文はできないと言っている。
4　×　もらう場合は、お金を払わないので買うとは言わない。

3 1　　🔊 004

1 家で夫と妻が話しています。2人はこれからどこへ行きますか。

2 M：準備できた？
3 F：ばっちりだよ。
4 M：新しくできたキャンプ場、行ってみたかったんだよね。天気もいいし、まさにキャ
5 　　ンプにぴったりの日だよ。
6 F：あっ、その前に郵便局寄ってもらっていい？ おばあちゃんの誕生日プレゼント
7 　　送りたくって。
8 M：そういえば、誕生日プレゼントまだ送ってなかったね。でも今日は祝日だから
9 　　郵便局、やってないよ。
10 F：すっかり忘れてた。じゃあコンビニでもいいよ。確かコンビニからでも荷物送れ
11 　　たよね？
12 M：確かにできるけど、せっかくだからキャンプの帰りにおばあちゃんの家によって直
13 　　接渡すのはどう？ おばあちゃんの家までそんなに遠くないし。
14 F：それいいね。じゃあ、そうしよう。

15 2人はこれからどこへ行きますか。

□ まさに：exactly　□ ぴったりの日：the perfect day

1 ○ キャンプ場に行ったあとに、おばあちゃんの家に行くと言っている。
2 × 今日は祝日だから郵便局は開いていないと言っている。
3 × コンビニからプレゼントを送るのはやめることにした。
4 × おばあちゃんの家に行くのはキャンプに行った帰りである。

3　　🔊 005

1　大学で先生と女の人が話しています。女の人はこのあとなにをしますか。

2　M：あ、高橋さん。明日から調査に行くんだよね。準備はできてる？
3　F：はい。調査票も完成しましたし、調査に必要な道具もそろえました。
4　M：調査道具が壊れて使えなくなるトラブルもあるから、僕が持っているものも持っ
5　　　ていくといいよ。研究室に置いてあるから、何でも持っていって。
6　F：ありがとうございます。じゃあ、お借りします。
7　M：調査でお世話になる方々への連絡は？
8　F：先ほど電話で、改めて調査協力をお願いしました。
9　M：あ、そうそう名刺は多めに持っていくといいよ。結構いろんな人に会ってごあい
10　　　さつすることになるから。
11　F：先輩からもそう言われたので、100枚ほど用意しました。これぐらいあれば大
12　　　丈夫でしょうか。
13　M：うん。それくらいあればいいと思うよ。

14　女の人はこのあとなにをしますか。

□ 調査：survey　□ 調査票：survey form　□ 名刺：business card

1　×　「完成しました」と言っている。
2　×　「調査に必要な道具もそろえました」と言っている。
3　○　準備がすべて終わっているので、先生の研究室に置いてある調査道具を借りに行く。
4　×　「名刺を100枚ほど用意しました」と言っている。

5 1
🔊 006

1　男の人と女の人が引っ越しについて話しています。2人はこれから何をしますか。

2　M：トラックに載せる荷物はこれだけ？
3　F：うん。引っ越し業者に大きな家具は運んでもらってるから、この段ボールだけ
4　　　お願い。
5　M：この本棚はどうするの？運ぶ？
6　F：ううん、これは田中さんが欲しいって言ってたから譲るつもり。
7　M：そうなんだ。田中さんはどうやって取りに来るの？
8　F：自分で取りに行きますって言ってたよ。
9　M：でも田中さん、運転免許も持ってないでしょ？こんなに大きなもの、1人で家
10　　　まで運べないよ。
11　F：確かにね。
12　M：荷物を運ぶついでに田中さんの家までトラックで運んであげようよ。
13　F：そうだね。じゃあ田中さんにそう伝えておくね。

14　2人はこれから何をしますか。

□ 段ボール：corrugated board　□ 引っ越し業者：moving company　□ 本棚：bookshelf

1　○　トラックに荷物を乗せて運ぶついでに田中さんの家に本棚を運んであげると言っている。
2　×　すでに引っ越し業者に大きな家具を運んでもらっている。
3　×　田中さんが、これから本棚を取りに来るとは言っていない。
4　×　田中さんの家に本棚を届けに行く前に、トラックに荷物を載せる必要がある。

6 3
🔊 007

1　大学の研究室で男の学生と先生が話しています。男の学生はこのあとどこに行かな
2　ければなりませんか。

3　M：先生すみません。おとといの試験のことなんですが、試験に間に合わなくて受け
4　　　られなかったんです。再試験を受けることはできませんか。
5　F：受けられなかった理由によりますね。
6　M：実は車と事故を起こしてしまって…。そのときに頭を打ってしまったので、病院

7　　　に行っていたんです。
8　F：それは大変でしたね。けがは大丈夫だったんですか。
9　M：はい、検査をして異常はないと言われました。
10　F：良かったですね。そのような事情であれば再試験はできると思います。学生課
11　　　で再試験願という用紙をもらってきてください。
12　M：それはもうあります。
13　F：それなら病院を受診したことがわかる書類を学生課に提出すれば再試験は認
14　　　められるはずです。
15　M：病院の受診を証明する書類ですか。家に取りに帰らなきゃ…。
16　F：今日中に提出しないと認められませんから、急いでくださいね。
17　M：はい、わかりました。

18　男の学生はこのあとどこに行かなければなりませんか。

□ 再試験：re-examination　□ 検査：examination　□ 異常：abnormality
□ 学生課：student affairs office　□ 用紙：paper sheet　□ 受診：see a doctor

1　×　研究室で先生と話している。
2　×　事故にあったあとに、病院に行っている。
3　○　「病院の受診を証明する書類ですか。家に取りに帰らなきゃ」と言っている。
4　×　学生課でもらえる再試験願はすでに持っている。提出するのは、全て必要な書類が
　　　そろってからである。

7 2　　　　　　　　　　　　　　　　　　　　　　　　　　　　　　　　🔊 008

1　病院で健康診断の受付をしています。男の人はこれから何をしますか。

2　M：今日9時から予約していた山田です。
3　F：山田さんですね。では、事前にお渡ししていた生活アンケートをいただきますね。
4　M：アンケート、あ、これですね。はい。
5　F：全部の質問に答えてありますね。では、まずこちらの健康診断用の服に着替え
6　　　てください。
7　M：あのー実はのどがすごく乾いてて、お茶買ってきてもいいですか。
8　F：申し訳ありませんが、検査のため、朝7時以降の飲食は禁止なんです。
9　M：ああ、そうでしたね。

10　F：お着替えが終わりましたら、係の者がお呼びします。それまでお待ちください。

11　男の人はこれから何をしますか。

- 健康診断：physical examination　　□ 検査：examination　　□ 飲食：eat and drink
- 係の者：person in charge

1　×　アンケートは事前に渡されていて、男の人はすでに書いてきている。
2　○　5、6行目：「こちらの健康診断用の服に着替えてください」と言われている。
3　×　8行目：「検査のため、朝7時以降の飲食は禁止なんです」と言われている。
4　×　10行目：「お着替えが終わりましたら、係の者がお呼びします」と言われているので、先に服を着替えなければならない。

8　1　　　　　　　　　　　　　　　　　　　　　　　　　　　　　009

1　イベント会場の受付で会社の男の人と女の人が話しています。女の人は今すぐ何を
2　しますか。

3　M：山本さん、時間なのに来ないけどどうしたんだろう。予想していたよりもお客様
4　　　の数が多くて、僕1人じゃ受付が間に合わないよ。
5　F：今さっき山本さんから電話があって熱があって来られなくなったとのことです。
6　M：この忙しいタイミングで…困ったな。
7　F：代わりに林さんにお願いしました。今こちらに向かっているそうです。
8　M：それならなんとか…。
9　F：私のほうも人手が足りなくて。あっ、パンフレット、もうすぐなくなりそうなので、
10　　　私、取ってきます。
11　M：パンフレットは後でもいいんじゃない？　もうちょっと手伝ってよ。
12　F：でもお客様には受付でちゃんとお渡ししないといけませんし。
13　M：そうだよな。あっ、林さん！　こっちこっち。

14　女の人は今すぐ何をしますか。

- パンフレット：pamphlet　　□ 人手：helpers

1　○　9、10行目：「あっ、パンフレット、もうすぐなくなりそうなので、私、取ってきます」と言っている。

2	×	受付を手伝ってくれる人をお願いしたので、もうすぐ来ると言っている。
3	×	休みの代わりの人はすでにお願いしている。
4	×	手伝いをお願いしていた林さんがちょうど来てくれたので、予定通りパンフレットを取りに行くことができる。

9 3 ◀)) 010

1　電話で母親と息子が話しています。息子はこのあと何をしますか。

2　F：もしもし、今どこ？ 大学？
3　M：今、家。
4　F：よかった。雨が急に降りだしたから、そのうちそっちも雨が降り出すと思うの。
5　　　洗濯物入れておいて。
6　M：もうしたよ。
7　F：ありがとう。あと玄関に封筒置いてあるじゃない？ あれを郵便局で出してきてほ
8　　　しいんだけど。
9　M：今からアルバイト先に行くから無理だよ。
10　F：あれ？ アルバイトは明日からでしょ？ 間違えてるよ。
11　M：明日からだけど、一応あいさつに行こうかなと思って。ずっとやりたかった仕事
12　　　だし。
13　F：じゃあ、封筒はいいや。アルバイト先で待ち合わせてご飯食べて帰ろうよ。ご
14　　　飯作るの面倒くさくなっちゃって。
15　M：それくらい僕がやっておくよ。あいさつなんてすぐ終わるから。

16　息子はこのあと何をしますか。

□ 封筒：envelope

1	×	6行目：「もうしたよ」と言っている。
2	×	9行目：「今からアルバイト先に行くから無理だよ」と言っている。
3	○	11行目：「明日からだけど、一応あいさつに行こうかなと思って」と言っている。
4	×	アルバイト先にあいさつに行ってから、ご飯を作る。

10 1 ◀)) 011

1　家で女の人と男の人が話しています。女の人はどこに行きますか。

2　F：ちょっと出かけてくるね。
3　M：どこ行くの?
4　F：スーパー。明日友達の家に遊びに行くから、果物でも持っていこうと思って。
5　M：スーパーで買うよりも果物屋で買ったら？ 商店街にあったでしょ？
6　F：この前行ったらしばらくお休みしますって書いてあったの。商店街もお店が減っ
7　　　 ちゃって買い物できるお店がほとんどないんだよね。
8　M：それは残念。この前行った公園の近くにキウイフルーツの農園の看板があった
9　　　 よ。とれたてのキウイフルーツが買えるって。
10　F：キウイフルーツはあんまり好きじゃないって言ってた気がするし、どの果物がい
11　　　 いか考えたいからいろいろなものが売ってるところがいいんだよね。
12　M：じゃあ、ついでにアイスクリームも買ってきて。
13　F：はいはい、わかりました。

14　女の人はどこに行きますか。

□ 商店街：shopping district　□ 農園：plantation　□ 看板：signboard

1　○　友達の家に持っていく果物を買うために、いろいろなものが売ってるところ（＝スーパー）に行くと言っている。
2　×　6行目：「この前行ったらしばらくお休みしますって書いてあった」と言っている。
3　×　6、7行目：「商店街もお店が減っちゃって買い物できるお店がほとんどない」と言っている。
4　×　農園はキウイフルーツの農園のこと。友達はあまりキウイフルーツがあんまり好きじゃないと言っていたので、ここには行かない。

11　4　　　　　　　　　　　　　　　　　　　　　　　　　　　　　　　　　012

1　家で女の人と男の人が話しています。2人は年賀状を何枚用意しますか。
2　F：ねえ、そろそろ年賀状を注文する時期なんだけど、今年は何枚買う？
3　M：去年は2人あわせて100枚買ったんだよね。返ってきたのも同じくらい？
4　F：ううん。そのうち10人くらいは返ってきてないよ。今は年賀状を送る人が減って
5　　　 るって話だし、今年は100枚もいらないんじゃない？
6　M：そうだよな。100人に出してるけど、年賀状だけのやり取りの人とかも多いし、
7　　　 この際送らないって決めてもいいかもな。

8　F：そうすると、今年は結局何人に送ることにする？
9　M：そうだな…。この人とこの人…。この20人はもう送るのをやめようと思う。
10　F：わかった。やっぱり私は今まで通り全員に送りたいから、そのままの数でいい
11　　　や。
12　M：じゃあ、この20人と去年年賀状がこなかった人の分は買わないことにしよう。

13　2人は年賀状を何枚用意しますか。

□ 年賀状：New Year's card

1　×　今までは2人で100枚買っていた。
2　×　去年年賀状がこなかった人が10人だが、ほかにも送らないと決めた人がいる。
3　×　年賀状だけのやり取りの人が20人だが、ほかにも送らないと決めた人がいる。
4　○　去年年賀状がこなかった10人と年賀状だけのやり取りの20人には送らないと言っている。

ポイント理解 （p.100〜102）

1 ④ 🔊 014

1　大学で男の先生と女の先生が授業評価について話しています。男の人の授業評
2　価が良くなかったのはどうしてですか。

3　M：学生からの授業評価アンケートの結果、今期はあまり良くなかったんですよ
4　　　ね。
5　F：えっ、本当ですか。学生からは説明がわかりやすくておもしろいって聞いてます
6　　　よ。
7　M：今期から教科書をやめて、学生の希望に沿って授業の流れを考えるようにした
8　　　んですよ。僕も初めての挑戦だったから、うまくいくかわからなかったんですけ
9　　　ど。
10　F：でも、先生だったらうまく学生の意見や興味を引き出せると思うんですけどね。
11　M：確かにみんな活発に意見を言ったりして、刺激的な授業になったと思うんです。
12　　　でも、教科書がね。
13　F：やっぱり教科書があったほうが良かったってことですか。
14　M：うん。教科書がないから授業の内容が発展していったときに、それについてい
15　　　けない学生が取り残されてしまったってわけ。話している内容を確認したいけ
16　　　ど、教科書がないから何を調べればいいのかわからないから不安だったってい
17　　　う意見が多くって。
18　F：難しいですね。

19　男の人の授業評価が良くなかったのはどうしてですか。

☐ 授業評価：lesson evaluation　☐ 挑戦：challenge　☐ 活発に：actively　☐ 刺激的な：stimulating
☐ 発展する：develop

1　×　3行目：「今期は」と言っているので、初めて授業をしたのではないことがわかる。
2　×　7行目：「学生の希望に沿って授業の流れを考えるようにした」と言っており、悪い
　　　　理由ではない。
3　×　11行目：「確かにみんな活発に意見を言ったりして、刺激的な授業になったと思うん
　　　　です」と言っているが、授業評価が悪い理由ではない。
4　○　14、15行目：「教科書がないから授業の内容が発展していったときに、それについて
　　　　いけない学生が取り残されてしまったってわけ」と言っている。

②4 🔊 015

1　男の人と女の人が食事中のスマートフォンの利用について話しています。女の人が食
2　事中にスマートフォンを使わない一番の理由は何だと言っていますか。

3　F：この前テレビで言ってたんだけど、スマートフォン見ながら食事する人が4割に
4　　　のぼるんだって。
5　M：僕もときどきやっちゃうな。だって1人でご飯食べてるときとか暇じゃない？
6　F：1人だと誰ともしゃべらないしね。あと、1人でご飯食べている姿を誰かに見ら
7　　　れたら、友達のいない人だって思われちゃうかもしれないから、誰かと連絡とっ
8　　　てますってフリしちゃう人もいるんだって。
9　M：そういえば佐藤さんって1人でご飯食べるときも絶対スマートフォン使わないよ
10　　ね。1人でご飯食べてても気にならないタイプ？
11　F：全然気にならないし、食事中にスマートフォン使わないようにしてる。
12　M：なんで？
13　F：私のお父さん、家族と一緒でも1人でもとにかく食事中にずっと新聞読む人
14　　　だったんだよね。それが子どもの頃から何となく嫌だったんだ。
15　M：うんうん。
16　F：新聞読みながらご飯食べてるから、せっかく作った料理も味わわずに適当に食
17　　　べててさ、ご飯作ったお母さんがため息ついてたの覚えてる。作った人のことを
18　　　考えたら絶対できないよ。
19　女の人が食事中にスマートフォンを使わない一番の理由は何だと言っていますか。

1　×　5行目の「1人でご飯食べてるときとか暇じゃない？」に対して、6行目：「1人だと
　　　誰ともしゃべらないしね」と答えている。
2　×　11行目で「全然気にならない」と言っているが、一番の理由ではない。
3　×　父親が食事中にずっと新聞を読むことが嫌だと言っている。
4　○　ご飯を作った人の気持ちを考えると、新聞やスマートフォンを読みながらご飯を食べ
　　　ることは絶対にできないと言っている。

③3 🔊 016

1　家で妹と兄が話しています。妹は海外旅行に何を持っていきますか。

2　F：ねえ、パスポートと着替え以外に何か持っていったほうがいいものある？

3　M：カップラーメンとか日本の食料もちょっと持っていくといいと思う。向こうの料理
4　　　が口に合わなかったときはそれを食べればいいし。
5　F：そうなの？ じゃあ大好きな梅干しは持っていこうかな。あっ、あとは、カメラ
6　　　か。
7　M：今はスマートフォンで写真を撮ることのほうが多いし必要ないでしょ？
8　F：うん、でも見て。これポラロイドカメラっていって、撮ってすぐに写真が出てくる
9　　　の。現地の人と写真を撮って、コミュニケーションできると思って。
10　M：撮った写真を見たり、プレゼントしたりするってこと？
11　F：うん。おもしろそうでしょ？
12　M：でも結構大きいよ。かばんに入る余裕ある？
13　F：折り畳み傘を置いて行けば何とかなりそうな気がする。あと、やっぱり梅干し
14　　　もやめようっと。
15　M：なんで？ 絶対あったほうがいいって。
16　F：向こうの食事が口に合わなかったっていうのも一つの経験だし旅行の楽しいと
17　　　ころじゃない？ 日本に帰ったらいくらでも食べられるわけだし、旅行でしかでき
18　　　ないこととか食べられないものとかを味わいたいから。

19　妹は海外旅行に何を持っていきますか。

□ ポラロイドカメラ：polaroid camera　□ 折り畳み傘：folding umbrella

1　×　カップラーメンを持っていったほうがいいと言っているのは男の人である。
2　×　13、14行目：「やっぱり梅干しもやめようっと」と言っている。
3　○　8、9行目：「ポラロイドカメラっていって、撮ってすぐに写真が出てくるの。現地の人と写真を撮って、コミュニケーションできると思って」と言っている。
4　×　13行目：「折り畳み傘を置いて行けば何とかなりそうな気がする」と言っている。

4

🔊 017

1　ニュースを見て男の人と女の人が話しています。女の人は少子化の原因は何だと考
2　えていますか。

3　M：今年生まれた赤ちゃんの数、過去最低なんだって。
4　F：本当だ。働く女性が増えて結婚する年齢が遅くなったせいだって言ってるけど、
5　　　これって女性だけの問題じゃないでしょう。
6　M：確かに昔から働きながら子どもを産み育ててきた人もいたんだからそれだけ

7　　　じゃないよね。
8　F：私、思うんだけど子育てってとても責任が重くて大変な仕事でしょ。それなのに
9　　　仕事をして、家事もして、子育てもして、なんて大変すぎて無理よ。
10　M：じゃあ、昔みたいに男性は仕事、女性は家事育児って役割分担していた時代
11　　　が良かったってこと？
12　F：そうじゃない。本来、子育てっておじいちゃん、おばあちゃん、近所の人、たく
13　　　さんの人の手を借りないと無理な仕事なのよ。それが今は夫婦2人で全てしな
14　　　きゃいけない家庭も増えたから、夫婦だけで責任を負わなくちゃいけない。た
15　　　だでさえ忙しい毎日なのに、誰かに助けて、手伝ってって言えない環境しかな
16　　　いんじゃ子どもが欲しいって思えないよ。
17　M：問題は子どもを育てにくい環境にあるってことだね。

18　女の人は少子化の原因は何だと考えていますか。

□ 過去最低：record low　　□ 役割分担：division of roles

1　×　4行目「働く女性が増えて結婚する年齢が遅くなったせいだって言ってるけど、これって女性だけの問題じゃないでしょう」と言っている。
2　×　4行目「働く女性が増えて結婚する年齢が遅くなったせいだって言ってるけど、これって女性だけの問題じゃないでしょう」と言っている。
3　×　仕事が大変だからとは言っていない。
4　○　13、14行目：「それが今は夫婦2人で全てしなきゃいけない家庭も増えたから、夫婦だけで責任を負わなくちゃいけない」と言っている。

5　3　　　　🔊 018

1　大学で男の人と女の人が話しています。男の人が「研究の方法」の授業を受けたい
2　と言っている一番の理由は何ですか。

3　M：ねえ、「研究の方法」って授業取る？
4　F：ううん、それは3年生でも取れるから来年取ろうと思ってるよ。取るの？
5　M：悩んでるところ。2年生のうちで勉強しておいてもいいかなって思って。
6　F：先輩から聞いたんだけど、「研究の方法」って調査方法を調べたり、実際に調査
7　　　をやってみたりすごく大変なんだって。2年生ってまだ基礎知識が十分じゃない
8　　　じゃない？だから私は3年生で取ろうと思ってるんだ。
9　M：でも、3年生になったら就職活動が始まるし、授業の課題に使える時間が限

10		られてくると思うから、まだ時間に余裕がある2年生で取っておいたほうがいい
11		かと思ったんだよ。
12	F：	そうだね。ちょうど授業がある金曜日にほかの授業はないしね。
13		男の人が「研究の方法」の授業を受けたいと言っている一番の理由は何ですか。

□ 基礎知識：fundamental knowledge　　□ 就職活動：job hunting

1	×	7、8行目：「2年生ってまだ基礎知識が十分じゃないじゃない？」と言っている。
2	×	9行目：「3年生になったら就職活動が始まる」と言っている。
3	○	10、11行目：「まだ時間に余裕がある2年生で取っておいたほうがいいかと思ったんだよ」と言っている。
4	×	金曜日にほかの授業はないが、一番の理由ではない。

6 2　　🔊 019

1		家で娘と父親が話しています。娘はなぜ仕事を辞めようと思っていますか。
2	F：	ねえ、お父さんの意見が聞きたいんだけど、私、今の仕事辞めようかと考えて
3		るの。
4	M：	いきなりどうしたんだ？　会社の人間関係がうまくいっていないとか？
5	F：	それはないよ。会社の人はみんな親切だし、嫌な思いをしたことなんて一度も
6		ない。
7	M：	それならなおさらなんで辞めようと思うんだ？　まだ2年しか経ってないないじゃ
8		ないか。
9	F：	2年経って仕事に慣れてきて、私に事務の仕事はあってないなって思うように
10		なったの。
11	M：	みんな自分が好きな仕事ばかりできているわけじゃないんだから、それは仕方な
12		いだろう。
13	F：	わかってる。給料も不満はないし、何より難しい仕事ってわけじゃないからスト
14		レスもないよ。でも毎日この仕事がこれからもずっと続くのかと思ったらうんざり
15		してきちゃって。
16	M：	なるほど。でも急いで結論を出そうとしなくてもいいんじゃないか。じっくり考え
17		なさい。
18		娘はなぜ仕事を辞めようと思っていますか。

□ 事務：office work

1 × 5、6行目：「会社の人はみんな親切だし、嫌な思いをしたことなんて一度もない」と言っている。
2 ○ 9、10行目：「私に事務の仕事はあってないなって思うようになった」と言っている。
3 × 13行目：「給料も不満はないし」と言っている。
4 × 13行目：「何より難しい仕事ってわけじゃない」と言っている。

7 3 🔊 020

1 男の人と女の人が話しています。男の人は家が売れない理由は何だと考えています
2 か。

3 M：あそこの家、もうかれこれ半年以上売りに出ているけど、なかなか売れないな。
4 F：ああ、あの白い家ね。ときどき家の中を見たいって見学に来ている人は見る
5 　よ。
6 M：あの辺りは駅も近いし、ちょっと歩いたら公園もあってスーパーもあるから立地
7 　は悪くないと思うんだけど。
8 F：家の外観も若い人達が好きそうなデザインじゃない？　私はとても素敵な家だ
9 　なっていつも見てるんだけどな。
10 M：でも最近の経済のニュースを見ていると、家が売れないのも分かる気がするよ。
11 　特に若い人にとっては家なんて高い買い物ができる余裕がないと思う。
12 F：そうよね。私達が家を買った30年前は景気が良かったけど、今は時代が変わっ
13 　てしまったからね。昔は若い人もそうじゃない人も、新しい家や車を手に入れ
14 　ようっていう雰囲気があったけど、今は違うから…。
15 M：本当に。僕たちはいい時代に家を買ったと思うよ。

16 男の人は家が売れない理由は何だと考えていますか。

□ 立地：location　□ 景気：economic condition

1 × 6、7行目：「立地は悪くないと思うんだけど」と言っている。
2 × 8行目：「家の外観も若い人たちが好きそうなデザインじゃない？」と言っている。
3 ○ 10行目：「でも最近の経済のニュースを見ていると、家が売れないのも分かる気がするよ」と言っている。
4 × 景気がよくないから、年齢に関係なく家を買う余裕がある人が少なくなっている。

8 4 🔊 021

男の人が電気屋で店員と話しています。男の人はどうして怒っていますか。

M：あのー、2年くらい前にここでこのパソコンを買ったんですが、ここ最近ずっとパソコンの調子が悪くて、いきなり画面が真っ暗になるんです。

F：そうなんですね。それはどのような場合に起こりますか。

M：よくわからないんですよ。動画を見ているときだけじゃなくて、何もしていないのに急に画面が見えなくなるんです。いきなり動かなくなるから仕事もできないし、イライラするし。確か無料で修理できますよね？

F：申し訳ございませんが、保証期間はご購入から1年以内となっておりますので、当店ではお受けいたしかねます。

M：えっ？でも確か3年の無料保証付きって書いてあったじゃないですか！

F：お客様がご購入されたパソコンメーカーは1年保証しかないんです。そのほかのメーカーであれば3年保証がございますが。

M：うわー、最悪。なんだよ、まったく。

男の人はどうして怒っていますか。

□ 画面：screen   □ 修理：repair   □ 保証期間：warranty period   □ 無料保証付き：free warranty included

1 × パソコンの調子が悪いことの説明をしている。
2 × 動画を見ているときじゃなくても、何も見えなくなると言っている。
3 × パソコンが動かなくなるから、買ったお店で修理ができないかと聞いているが、このときはまだ怒っていない。
4 ○ 8、9行目：「保証期間はご購入から1年以内となっておりますので、当店ではお受けいたしかねます」と言われたので、ショックを受けて怒っている。

9 4 🔊 022

男の人がテレビの取材を受けています。男の人は自分のお店が人気になった理由は何だと言っていますか。

F：今日は、行列のできるお店としてうわさになっている水野食堂の店主の水野幸夫さんにお話を伺います。水野さんは長年、この町で食堂をやられていますが、急に人気になったきっかけは何だったのでしょうか。

M：うちに来るお客さんのほとんどは地元の人たちで、地元の食材を使った田舎料

7　理を出しています。しかし、ほら、見て分かる通り、田舎でしょ？　お客さんの
8　数も年々減ってきたし、40年近くずっと働いてきたからそろそろお店をやめよう
9　か、と妻と相談していました。ある日、旅行に来ていた外国人のお客さんがお
10　店に来て、とても気に入ってくれたんです。料理や店だけじゃなく、僕たち夫婦
11　の写真まで撮ってくれましたよ。それから数日後、次から次へとお客さんが来
12　る。妻と2人、不思議に思っていましたが、ある日、娘からこのお店がインター
13　ネットで紹介されているって電話がかかってきたんです。僕はインターネットなん
14　てできないからびっくりしました。それからどんどんお客さんが増えて、わざわざ
15　遠くから来てくださるお客さんまでいました。こんなことが起こるなんて未だに
16　信じられませんよ。

17　男の人は自分のお店が人気になった理由は何だと言っていますか。

□ 行列：queue　□ 噂：rumor

1　×　「お客さんの数も年々減ってきた」と言っている。
2　×　「40年近くずっと働いてきたからそろそろお店をやめようか、と妻と相談していました」と言っている。
3　×　ある日、外国人のお客さんが来て、それから人気が出たと言っている。
4　○　お店がインターネットで紹介されて、それからどんどんお客さんが増えたと言っている。

10 4　🔊 023

1　会社で男の人と女の人が話しています。女の人はどうして落ち込んでいますか。

2　M：どうしたの？　なんか元気ないけど。
3　F：あー、うん。メールチェックが十分じゃなくってお客様に迷惑をかけちゃって。
4　M：そうか。だからそんなに落ち込んでいるってわけか。
5　F：うん。まあ、それはきっかけにすぎなくて、お客様に課長と一緒に謝りに行っ
6　　　たの。本当はお客様の注文メールは私宛じゃなくて課長宛てに送られていた
7　　　の。
8　M：それで？
9　F：そこで課長ったら何て言ったと思う？　部下がメールの確認をしておらず、返信
10　　　も忘れていました。責任は部下にあります、って全部私に押し付けてきたの。
11　M：確かにそこは課長も自分のミスを認めたうえで一緒に謝るべきだよな。

12	F：	そうでしょ？帰り道でもずっと怒られ続けてさ。私の確認不足は間違いないし、
13		お客様には申し訳なく思ってるけど、課長の態度は絶対おかしいよ。
14	女の人はどうして落ち込んでいますか。

□ すぎない：no more than　□ 宛：addressee　□ 部下：subordinate　□ 押し付ける：push upon

1	×	お客様に迷惑をかけてしまったことはきっかけにすぎないと言っている。
2	×	お客様のところに謝罪に行ったときに、嫌なことがあった。
3	×	課長はメールチェックをしていなかった。
4	○	9、10行目：「部下がメールの確認をしておらず、返信も忘れていました。責任は部下にあります、って全部私に押し付けてきたの」と言っている。

11 **1**　　🔊 024

1	家で夫婦が話しています。2人はどんな車を買いますか。	
2	F：	ねえ、うちの車もうすぐ10年経つし、そろそろ乗り換えない？
3	M：	そうだなあ、子どもたちのためにと思って荷物がたくさん載る車を買ったけど、
4		今は僕達しか乗らないから、もっとコンパクトなもので十分だよな。
5	F：	最近はガソリン価格も上がってるし、今流行りの電気自動車なんかいいんじゃ
6		ない？
7	M：	僕達が車を使うのって買い物ぐらいしかないんだから、毎月のガソリン代は大
8		したことないと思う。そもそも電気自動車ってガソリン車よりも高いし、ガソリ
9		ン代が浮いてもお得にはならないよ。
10	F：	そうなんだ。知らなかった。CMで環境にも優しいって言ってるからいいなって
11		思ってたのに。
12	M：	確かにそれは電気自動車のメリットだよ。でも、僕達の生活スタイルにあった車
13		がいいと思う。
14	F：	そうね。
15	2人はどんな車を買いますか。	

□ 乗り換える：switch over　□ コンパクト：compact　□ 流行りの：in vogue
□ 電気自動車：electric automobile　□ メリット：advantage

1	○	夫婦しか乗らないので、生活スタイルにあった車はコンパクトな車である。
2	×	今乗っている車は荷物がたくさん載る車である。
3	×	8、9行目：「そもそも電気自動車ってガソリン車よりも高いし、ガソリン代が浮いてもお得にはならないよ」と言っている。
4	×	環境に優しい車とは電気自動車のことである。電気自動車は買わない。

12 4   ◀))025

1　カフェで女の学生と男の学生が話しています。男の学生はどうしてカフェで勉強する
2　のがいいと言っていますか。

3　F：あれ、佐藤君、こんなところで勉強してるの？
4　M：うん。お店が混んでいなければ、だいたいいつもここで勉強してるよ。
5　F：へー。周りの音とか気にならない？
6　M：最初はそうだったよ。でも慣れてくると平気になるよ。
7　F：家で勉強しないんだ。
8　M：家だとついダラダラしちゃうけど、カフェみたいに人がいるところで勉強すると、
9　　　それができないんだよね。
10　F：家だったらついついリラックスしちゃうもんね。
11　M：そうなんだよ。カフェだとダラダラできないって緊張感があるから、短い時間で
12　　　も集中できるんだ。
13　F：なるほどね。私もこれからそうしようかな。

14　男の学生はどうしてカフェで勉強するのがいいと言っていますか。

□ ダラダラ：lingering　□ ついつい：unintentionally　□ 緊張感：tension

1	×	お店が混んでいなければ、ここで勉強すると言っている。
2	×	今は周りの音に慣れたから平気だと言ってるが、それはカフェで勉強する理由ではない。
3	×	カフェだとリラックスできないと言っている。
4	○	11、12行目：「カフェだとダラダラできないって緊張感があるから、短い時間でも集中できる」と言っている。

13 4   ◀))026

1　大学で男の学生と女の留学生が話しています。女の留学生は論文が理解できるよう

2 　に何をしようとしていますか。

3 　M：何読んでるの？
4 　F：ゼミで発表するための論文。難しすぎて全然読めない。
5 　M：見てもいい？　使われていることばも漢字も普段使わないことばなのはもちろんだ
6 　　　けど、何より内容が専門的だ。
7 　F：漢字を読むのも苦労するし、専門用語がたくさん使われているから一つ一つ調
8 　　　べないといけなくてすごく大変。
9 　M：確かこの研究論文って、英語のものもあったよね。ルーシーさんならそっちを読
10 　　　んだほうが早いんじゃない？
11 　F：ううん。そもそも内容が難しいから、英語で読んでも理解できないと思うわ。
12 　M：僕が教えてあげられればいいんだけど…。
13 　F：ううん、ありがとう。実は午後から先輩に相談にのってもらえることになってるか
14 　　　ら。
15 　M：そっか。頑張ってね。

16 　女の留学生は論文が理解できるように何をしようとしていますか。

□ 専門的：professional　　□ 専門用語：technical term

1　×　すでに専門用語を一つ一つ調べながら読んでいる。
2　×　11行目：「英語で読んでも理解できないと思う」と言っている。
3　×　男の学生は「教えてあげられればいいんだけど」と言っているので、教えられるわけ
　　　ではない。
4　○　13行目：「実は午後から先輩に相談にのってもらえることになってる」と言っている。

14 3 　　　🔊 027

1　男の人と女の人が話しています。男の人は祭りのポスターをどう変更しますか。

2　M：祭りのポスターできたんだけど、どう？
3　F：そうね、ちょっとごちゃごちゃして見にくい感じがする。このイラストなくしたら？
4　M：だめだめ。このイラストはこの夏祭りのためにデザインされたキャラクターだから
5　　　消せないよ。
6　F：じゃあ、せめてもう少しサイズを小さくしたほうがいいと思う。今のポスターだと
7　　　お祭りの情報よりイラストのほうが大きいからみんなに知ってもらいたい情報が

8		目に入ってこないよ。
9	M：	わかった。
10	F：	気づいたんだけど、ごちゃごちゃして見える原因っていろんな色を使ってるから
11		じゃない？ 赤、青、白の3色くらいに色をおさえたほうがすっきりしていいと思
12		う。
13	M：	なるほど。いいアドバイスありがとう。
14	男の人は祭りのポスターをどう変更しますか。	

☐ ごちゃごちゃ：mixed up　　☐ キャラクター：character

1	×	ポスターにはもともとキャラクターのイラストが描かれている。イラストとはキャラクターを描いたものである。
2	×	イラストよりもお祭りの情報のほうが大切だと言っている。
3	〇	ポスターが見にくい原因はいろんな色を使っているから、色を少なくして、イラストも小さくする。
4	×	6行目：イラストを「もう少しサイズを小さくしたほうがいいと思う」と言っている。

15　4　　　　　　　　　　　　　　　　　　　　　🔊 028

1	家で母親と息子が話しています。息子の部屋が汚いのはどうしてですか。	
2	F：	なにこれ、地震でも起きたのかと思うくらいぐちゃぐちゃじゃない。
3	M：	いや、見つからないんだよ。
4	F：	何が？ ちゃんと物を片付けないから探し物も見つからないんでしょ？ この前
5		だって学校に提出する紙がないって大騒ぎしてたじゃない。
6	M：	今回は違うんだって！ いたんだよ、大きい蜘蛛！
7	F：	えっ？ 本当？
8	M：	勉強しようと思ったら窓のところからベッドのところに入って行ったんだ。それ
9		で、蜘蛛を探していたら部屋が汚くなっちゃったんだよ。
10	F：	そうなの。でも、蜘蛛が見つかってもお母さんは触れませんからね。
11	M：	僕だって触りたくなんてないよ！ 早く部屋から追い出したいの！
12	息子の部屋が汚いのはどうしてですか。	

☐ 蜘蛛：spider

1	×	地震が起きたようだと言っているので、地震は例えとして出てきているだけである。
2	×	今回は探し物をしているわけではない。
3	×	そんなことは言っていない。
4	○	大きい蜘蛛が窓から入ってきたので、追い出そうとしている。

16 1   🔊 029

```
 1  女の人と男の人が話しています。男の人はどうしてメモを取りますか。

 2  F：原田くんっていつもすぐメモ書くよね。
 3  M：うん。いいアイディアが浮かんだときとか、おもしろい人や物に出会ったとき、そ
 4     れを忘れないようにね。
 5  F：スマートフォンを使えばいいんじゃない？私はいつもそうしてるよ。
 6  M：僕も最初はスマートフォンにメモしていたんだけど、そうすると今メモしたこと自
 7     体を忘れちゃうんだよ。
 8  F：そうなんだ。
 9  M：手書きでメモを書いていると、すっきりするっていうか、書きながらアイディアが
10     整理できるんだ。それにほかの人に見せるために書いているわけじゃないから適
11     当でいいし。
12  F：へー。なるほどね。
13  M：これはあくまで僕のやり方だからみんなにはおすすめできないけどね。

14  男の人はどうしてメモを取りますか。
```

□ 整理：organized   □ 適当：appropriate

1	○	3、4行目：「いいアイディアが浮かんだときとか、おもしろい人や物に出会ったとき、それを忘れないようにね」と言っている。
2	×	すっきりさせるためにメモを書いているわけではない。
3	×	アイディアを整理したいから書いているのではなく、忘れないように書いている。そのとき書きながらアイディアを整理している。
4	×	10行目：「ほかの人に見せるために書いているわけじゃない」と言っている。

17 1   🔊 030

```
 1  家で男の人と女の人が話しています。男の人はどうして病院に行きましたか。
```

2 M：今日病院行ってきたんだけどさ。
3 F：えっ、どうしたの？
4 M：定期検診があるってこの前言わなかった？そこでさ、禁煙外来すすめられた。
5 F：禁煙外来ってお医者さんのカウンセリングを受けて禁煙するってやつ？
6 M：そうそう。今はカウンセリングだけじゃなくて、薬をもらえたりするみたいだよ。
7 F：私は大賛成。私がずっとタバコはやめなさいって言い続けてもやめられなかった
8 　　んだから、医学の力を借りるのがいいかもね。
9 M：そうだよな。健康のことを考えたら、やっぱり行くしかないか。

10 男の人はどうして病院に行きましたか。

□ 定期検診：periodic medical examination　　禁煙外来：outpatient to quit smoking
□ 大賛成：completely agree　　医学：medical study

1　○　4行目：「定期検診があるってこの前言わなかった？」と言っている。
2　×　定期健診で禁煙外来をすすめられたと言っている。
3　×　カウンセリングは禁煙外来でする内容である。
4　×　薬をもらうのは禁煙をするための方法の一つである。男の人はまだ禁煙外来に通っていない。

概要理解

(p.105)

1 2 ◀)) 032

```
1   テレビで専門家がインタビューに答えています。

2   F：みなさん、飲み終わったペットボトルはどうしていますか。まさか、飲み終わって
3      そのままポイっとどこかに投げ捨ててはいませんか。そのように投げ捨てられた
4      ペットボトルが最終的に集まる場所、その多くが海です。今海では、ペットボト
5      ルをはじめとするプラスチックごみが増加しています。海に流れ着いたプラスチック
6      ごみを餌と間違えて海の生き物が食べ、消化できずに死んでいくという事例
7      が数多く報告されています。それだけではなく、プラスチックごみを食べた魚を
8      人間が食べる。そうすると、人間の健康に悪影響があると言われています。あ
9      る調査によれば2050年には、海のプラスチックごみの重さが海の生き物の重さ
10     を超え、海はプラスチックのプールのようになると予想されています。きれいな海
11     を守るために、私たちがプラスチックごみに対する意識を高める必要がありま
12     す。

13  専門家は、何の話をしていますか。
14   1  ペットボトルの捨て方について
15   2  海のプラスチックごみについて
16   3  プラスチックごみによる人間への影響について
17   4  海をきれいにする方法について
```

□ 投げ捨てる：throw away　□ 最終的に：finally　□ 餌：pet food　□ 消化：digestion
□ 事例：example case

1　×　海にペットボトルを投げ捨ててはいけないと言っているが、話を始めるのためのトピックであり、この話のメインではない。
2　○　海のプラスチックごみが増えていること、魚に与える影響、そして人間の健康に与える影響について総合的に話している。
3　×　プラスチックごみによる人間への影響についてだけ話しているのではない。
4　×　きれいな海を守るために、プラスチックごみに対する意識を高めるべきだと言っている。

2 3   033

F：小学校入学を控え、お子さんもご家族の皆さんも胸がドキドキしているのではないでしょうか。私はかれこれ30年近く小学校の教師をしておりますが、小学校を楽しみにしている入学生の姿を見ると、毎年うれしくなります。しかし、長い教師生活の経験から申し上げますと、決してうれしいことや楽しいことばかりではありません。新しい環境に慣れるというのは、想像以上に緊張し、ストレスを感じ、疲れてしまうものです。子どもは自分がストレスを感じ、落ち込んだりイライラしていても、それをうまく言葉にすることがなかなかできません。ですから、学校から帰ってきて、ワガママが増えている、とか、笑顔が少ないな、とかほんの小さなことでも構いません。気付いたら優しく抱きしめてあげてください。それだけで子どもは安心します。

先生は、何の話をしていますか。
1 小学校入学のお祝い
2 教師としての経験
3 子どもへの接し方
4 子どものストレス解消の方法

□ かれこれ：approximately

1 ×　小学校入学のお祝いの話はしていない。
2 ×　30年近く教師として働いている先生が、経験に基づいて話している。
3 ○　子どもはストレスなどをうまく言葉で説明できないので、親が気を付けるようにと話している。
4 ×　子どもを抱きしめることで安心させることはできるが、ストレス解消の方法について話しているわけではない。

3 1   034

コミュニケーションを学ぶ授業で、先生が話しています。

M：私は今まで何度も話す力を伸ばしたいならラジオを聞こうと皆さんにお伝えしています。例えば話し方が上手な人といえばお笑い芸人が思いつきますね。しかし、テレビでおもしろいと人気のお笑い芸人がラジオで話すと退屈でつまらな

いということがよくあります。そして逆にテレビではあまり目立たない人のほうがラジオではおもしろく、盛り上がることは珍しくありません。ラジオはテレビと違い、表情や体の動きは一切見えませんから、話の流れ、ことばの選択、声のトーンなど話す工夫をする必要があります。つまり、これらの工夫ができる人が話す力がある人なのです。もし、ラジオを聞いておもしろいと思った人がいたら、その人を意識して真似してみましょう。

先生は、何について話をしていますか。
1 話す力を身につける方法
2 おもしろいお笑い芸人の特徴
3 テレビとラジオの違い
4 ラジオで話すときの工夫

□ お笑い芸人：comedian □ 表情：facial expression □ トーン：tone

1 ○ 「話す力を伸ばしたいならラジオを聞こう」と言っている。
2 × 話し方が上手な人といえばお笑い芸人と言っているが、その特徴について説明しているわけではない。
3 × テレビとラジオの違いは、話すのが上手い人と下手な人の対比としてであり、話のメインではない。
4 × ラジオで話すときの工夫ができる人が話す力がある人だと言っている。

3　　🔊 035

幼稚園で女の人が親に対して話しています。

F：うそつきは泥棒の始まりということわざがあります。平気で他人にうそをつくようになると、もっと悪いことも平気でするようになる、うそをつくことは悪いことだという意味です。そのため、教育として子どもにはうそをつかないように、と何度も伝えます。しかし、子どもがうそをつくようになることは決して悪いことではなく、順調に発達していることの証拠でもあります。子どもは3歳頃からうそをつくようになると言われていますが、周囲を観察して、自分がやりたいことをするためにうそを考えるのです。確かに人を傷つけるようなうそは子どもでも許されませんが、うそをつくことは子どもが成長している印であると思って、親子で楽しんでみてはいかがでしょうか。

女の人は、何について話をしていますか。

12	1	ことわざの意味
13	2	子どもの教育方法
14	3	うそと子どもの発達
15	4	うそを楽しむ方法

☐ うそつき：liar　☐ 泥棒：thief　☐ 順調：going well　☐ 発達：development　☐ 証拠：evidence
☐ 観察する：observe

1　×　うそを子どもの成長として捉えようと言っているのであり、ことわざの説明をしているわけではない。
2　×　子どもの教育方法については話していない。
3　○　うそをつくことができるようになることは、順調に発達していることの証拠でもあると言っている。
4　×　うそをつけるほど順調に成長している子どもの様子を楽しもうと言っている。

⑤ 1　　🔊 036

1　テレビで男の人が話しています。

2　M：日本では、6月から7月にかけて、広い範囲で梅雨に入ります。梅雨はしとし
3　　　と弱い雨が続く嫌な時期でもあります。ただ、梅雨があるからこそ、山や田
4　　　んぼに水が入り、農作物、特に稲の成長が促されることで、秋においしいお米
5　　　が収穫できるのです。しかし、最近では、昔から日本人が慣れ親しんでいた梅
6　　　雨が大きく変わってきました。ある一部の地域にのみ台風のような大雨が長時
7　　　間降り続くのです。長時間大雨が降り続くと、水は川からあふれ出し、山は崩
8　　　れてしまいます。それによって私たちが住む場所が大きな被害を受け、ときには
9　　　人の命も奪っていきます。かつては豊かな農作物の収穫をもたらす恵みの雨
10　　だった梅雨が、人間の生活を壊す恐怖の雨に変わってしまったのです。

11　男の人は何について話していますか。

12	1	現在と昔の梅雨の違い
13	2	梅雨が発生するメカニズム
14	3	今まで起きた大雨の被害
15	4	おいしい農作物が収穫できる理由

- ☐ 範囲：scope ☐ 梅雨：rainy season ☐ しとしと：gently ☐ 稲：rice plant ☐ 促される：be urged
- ☐ 収穫する：To harvest ☐ あふれ出す：overflow ☐ 崩れる：collapse ☐ 命を奪う：take a life
- ☐ 農作物：crop ☐ 恵みの雨：welcomed rain

1 ○ 昔の梅雨は、しとしとと弱い雨が続くものだったが、今の梅雨はある一部の地域にのみ台風のような大雨が長時間降り続くと言っている。
2 × なぜ梅雨が発生するのかについては何も言っていない。
3 × 雨のせいで起こる害について話しているが、今までどんな被害があったかについては話していない。
4 × 昔は梅雨のおかげでおいしい農作物が収穫できていたが、今は被害のほうが大きい。

6 1 🔊 037

1 大学で女の学生と男の学生が話しています。

2 F：授業で先生が社会学の課題を分析するためには統計的手法を用いるって言って
3 　　たけど、あれって本当に必要なの？
4 M：そりゃ必要でしょう。社会学は、たくさんのデータを集めて、その傾向を分析す
5 　　る学問なんだから。
6 F：どういうこと？
7 M：社会全体の傾向を見るためには、大勢のデータを集めることが重要でしょ。た
8 　　とえば日本人10人にアンケート取って10人全員犬が好きだと答えただけでは
9 　　「日本人は犬が好きな国民だ」って言えないじゃない？
10 F：そっか、なるほどね。私、数学が苦手だから文系の社会学ゼミに入ったのに、
11 　　やっぱり数学をやらなきゃいけないんだなってわかってすごくショックで…。
12 M：少しずつ勉強するしかないね。とりあえずおすすめの本をいくつか紹介するよ。

13 2人は何について話していますか。

14 1 統計的手法の必要性
15 2 日本社会の傾向
16 3 社会学ゼミの雰囲気
17 4 統計の勉強方法

- ☐ 統計的手法：statistical technique ☐ 傾向：trend ☐ 文系：liberal arts

1	○	なぜ社会学に統計的手法が必要なのか、例をあげながら話している。
2	×	日本社会の傾向は、統計的手法の必要性の説明のために使われた例である。
3	×	社会学ゼミの雰囲気については何も言っていない。
4	×	統計の勉強になる本を紹介しているが、具体的な勉強方法については何も言っていない。

7 4　🔊 038

料理番組で女の人が話しています。

F：世界的に日本食ブームがおこっています。特にお寿司やうどん、天ぷらは代表的な日本食として紹介されることが多いでしょう。ただ、私が代表的な日本食だと思うのはおみそ汁です。おみそ汁はみそとだし汁を合わせて、豆腐やわかめなどの具材を入れたスープのようなもので、古くから日本人が食べてきた料理です。大豆が原料のみそは栄養が豊富で、コレステロールを下げる、ガンを予防する、胃の調子を良くするなどの健康効果があり、健康食品として見直されています。最近では、ハンバーグやスパゲッティなどの洋食を好む人が増え、栄養バランスが悪くなりがちです。そこにおみそ汁を加えるだけで、バランスのいい食事になり、病気予防に効果的になります。

女の人は、何について話をしていますか。

1　世界的な日本食ブーム
2　代表的な日本食
3　みその調理方法
4　みその健康効果

□ 代表的な：typical　□ だし汁：broth　□ 原料：raw material　□ 豊富：wealth
□ コレステロール：cholesterol　□ 健康効果：health effect　□ 見直される：be reviewed

1	×	世界的な日本食ブームについては、最初の部分でしか言っていない。
2	×	代表的な日本食にはいくつかあるが、ここで取り上げているのはみそだけである。
3	×	おみそ汁のつくり方は簡単に話しているが、みその作り方は話していない。
4	○	「健康効果があり、健康食品として見直されています」と言っている。

8 ② 🔊 039

大学で男の後輩と女の先輩が話しています。

M：先輩って去年、高木先生の言語学の授業取ってましたよね？

F：うん。あの授業すごくおもしろかった。

M：高木先生、知識の量がすごいからどんどんいろんなおもしろい話してくれますよね。それで先輩にちょっとお願いがあるんですが、去年の授業のノート、見せてもらえませんか。

F：えー、嫌だよ。ちゃんと授業行きなよ。

M：いやいや、1回もサボったことなんてないですよ。ただ、先生の話が早くてメモが追いつかないから確認したいんです。

F：確かに先生、けっこう早口だもんね。

M：先輩のノートは分かりやすいってみんな言ってましたよ。

F：もう…、調子のいいことばっかり言うんだから。しょうがないなあ…。

M：ありがとうございます。助かります。

男の学生は何について話していますか。

1　先生の授業の感想
2　ノートを貸してもらえるか
3　授業がわからない理由
4　授業のメモの取り方

---

1 ×　男の学生は、別に先生の授業の感想を話したいと思っていない。
2 ○　5、6行目：「去年の授業のノート、見せてもらえませんか」と言っている。
3 ×　先生の話が早くてメモが追いつかないから先輩のノートを見て確認したいと言っている。
4 ×　授業のメモを取っているが、追いつけないから先輩のノートを見て確認したいと言っている。

9 ① 🔊 040

ラジオで女の人が話しています。

F：春山市民動物園といえば、春山市にお住いの皆さんなら必ず一度は訪れたことがあるはずです。春山市民動物園は市民の皆様に愛され、今年で開園80周年

を迎えることができました。感謝の気持ちをこめて、80周年記念イベントを5月27日、28日に開催いたします。当日は人気の飲食店による特別屋台や、音楽ステージをご用意しております。また、80周年特別記念グッズの販売も行う予定です。詳細はホームページをご覧ください。春山市民動物園は、虎やレッサーパンダなどの珍しい動物が見られる東エリア、うさぎやポニーなどの動物と触れ合える西エリア、ブランコやすべり台で遊べる北エリア、きれいな花が咲く南エリアがあり、どなたでも楽しんでいただける動物園です。皆様、ぜひお越しください。

女の人は動物園のどんなことについて話していますか。
1　80周年記念イベントのお知らせ
2　80周年イベントの計画
3　園内のエリアの説明
4　園内の動物の種類

□ 開園：open a park　□ 開催する：hold (an event)　□ 屋台：food stall　□ すべり台：slide

1　○　80周年記念イベントを開催する日時、内容、記念グッズの説明などを知らせている。
2　×　80周年イベントの計画はすでに終わっている。あとはイベントをするだけである。
3　×　エリアは動物園についての補足説明であり、伝えたいのはイベントについての情報である。
4　×　園内の動物の種類は詳しく説明していない。

10 4　🔊 041

アナウンサーが研究者にインタビューしています。

F：最近、子どものうちから英語を勉強させる早期英語教育に関心が高まっています。これについて青山先生にお話しいただきます。

M：言語を身につけるときにはインプットだけではなく、アウトプットも重要です。特に子どもは自分のアウトプットが間違っていてもあまり気にしないので、失敗を恐れる大人に比べると、子どものほうが英語を身につけやすいともいえるでしょう。そのためインプットとアウトプットのある環境を用意してあげることが理想です。といっても、週に1回1時間程度の英語教室に通う程度ではあまり効果は認められないので、英語教室に通ったからと言って英語が上手になると思わないほうがいいでしょう。むしろ日本語を上手に使いこなせるようになってから

11 のほうが英語学習の効率が高いと言われています。そして何より、子どもが英
12 語を使いたい、おもしろいと思えることが最も大切です。ですから正しい英語
13 を学ぼうとするのではなく、英語に親しむことを一番大切にしてください。

14 研究者は早期英語教育についてどう思っていますか。
15 1 インプットさえあれば、英語は自然に身につく
16 2 インプットとアウトプットの環境を用意するだけでいい
17 3 英語教室は全く意味がないので無駄である
18 4 英語を上手に話せることよりも楽しむことのほうが重要だ

□ 理想：ideal　□ 使いこなす：know how to use　□ 効率：efficiency

1 ×　「インプットだけではなく、アウトプットも重要です」と言っている。
2 ×　「週に1回1時間程度の英語教室に通う程度ではあまり効果は認められない」と
　　　言っている。
3 ×　「あまり効果は認められない」と言っているが、無駄であるとは言っていない。
4 ○　「正しい英語を学ぼうとするのではなく、英語に親しむことを一番大切にしてくださ
　　　い」と言っている。

11 3　　042

1 料理教室で男の人が話してしています。

2 M：日本のお米はジャポニカ米と言って円い形をしています。炊いたご飯が柔らか
3 　　く、冷めても固くなりにくいことが特徴です。おいしいお米を炊く方法は、お米
4 　　を入れたボウルにいきなり水を入れないこと。その逆ですよ。お米には細かなゴ
5 　　ミがついているので、水が入ったボウルにお米を入れるほうがきれいになります。
6 　　そして1、2回軽くかき混ぜたら、その水はすぐに捨てましょう。もう一度水を
7 　　入れ、指で円を描くようにかき混ぜます。水が白く濁ってきたら捨てて、新し
8 　　い水でまた洗う。これを3回から4回同じようにしてください。そして、すぐに
9 　　炊くのではなく、最低30分は水に入れたままにします。そうしないと固くおいし
10 　　くないお米ができてしまいますよ。

11 男の人は何について話していますか。
12 1 日本のお米の特徴
13 2 お米と水の関係

| 14 | 3 | おいしいお米の炊き方 |
| 15 | 4 | お米の洗い方 |

□ ジャポニカ米：Japonica rice　□ 特徴：feature　□ 炊く：cook (rice)　□ ボウル：bowl　□ 濁る：cloudy

1　×　日本のお米の特徴について話しているのは最初の部分だけである。
2　×　お米を炊くときに水は必ず必要だが、お米と水の関係については話していない。
3　○　おいしいお米の炊き方について最初から最後まで話している。
4　×　お米の洗い方だけではなく、お米を炊くまでの流れを話している。

即時応答　　　　　　　　　　　　　　　　　　　　　　　　　　（p.108～109）

1 1　🔊 044

M： やっぱりちゃんと話さなきゃだめかな？
F： 1　そんなの当たり前だよ。
　　 2　しっかり持っててね。
　　 3　やっぱりそうだったんだ。

1　○　当たり前＝「話さなければならないのは当たり前である」ということ。
2　×　ここで言う「はなす」は、「何かを人に話す」であり、「手を放す」ではない。
3　×　何かを聞いて納得している、予想とあっていた場合に使えることばである。

2 2　🔊 045

F： せっかくの機会ですが、今回は遠慮させていただきます。
M： 1　どうぞご遠慮なく。
　　 2　それは残念です。
　　 3　大変ご無沙汰しております。

1　×　Fの「遠慮する」は「行かない／やめておく」という意味である。
2　○　「今回は行かない」と言っているので、返事としては「それは残念です」が正しい。
3　×　久しぶりに会った人に言うあいさつである。

3 1　🔊 046

F： 相手に誤解を与えかねない言い方はしないほうがいいよ。
M： 1　以後、気をつけます。
　　 2　誤解しないでください。
　　 3　本当にいいんでしょうか。

1　○　誰かの注意に対しての返事としては「これから気をつけます」が正しい。
2　×　「相手に誤解を与える可能性がある」と言っているので、今本当に相手が誤解しているわけではない。
3　×　「本当にいいんでしょうか」は何かにびっくりしたときや相手に確認したいときに使う。

④ 3　　🔊 047

M： 今日は雨が降るかと思ったのに。
F： 1　洗濯物がぬれちゃったね。
　　 2　きっと明日は晴れるよ。
　　 3　傘を使わずに済んだね。

1　×　実際に雨は降っていない。
2　×　今日は雨が降っていない（晴れだったかもしれない）ので、会話が合わない。
3　○　雨が降ると思って傘を準備したが、実際は使わなかった。

⑤ 3　　🔊 048

M： とりあえずやってみるしかないね。
F： 1　なかなか良かったよ。
　　 2　あっ、見えた見えた！
　　 3　うん、頑張ろう。

1　×　まだ何もやっていない。
2　×　何かが見えたとは言っていない
3　○　これから何かをやろうとしている。

⑥ 2　　🔊 049

F： 部長がいらっしゃらないことには会議が進みません。
M： 1　とてもすばらしいプレゼンテーションでした。
　　 2　もう一度部長に連絡してみます。
　　 3　代わりに会議の準備をしておきますね。

1　×　会議は進んでいない。
2　○　早く会議に部長が来てほしいと言っている。
3　×　会議は始まっているが、部長がいないのでなかなか進まないと言っている。

7 1 🔊 050

F： 面倒な仕事をさせられてばっかりで嫌になる。
M： 1　仕事の内容を変えてもらうように相談してみたら？
　　 2　僕も仕事頑張ったから疲れたよ。
　　 3　ううん、全然気にしないで。

1　○　女の人に対して具体的なアドバイスをしている。
2　×　女の人の話とは関係ないことを言っている。
3　×　女の人は何もお願いをしていない。

8 1 🔊 051

F： ちゃんと伝えたつもりだったんだけどな。
M： 1　何も聞いてないって。
　　 2　じゃあメール送るね。
　　 3　すごく助かったよ。

1　○　女の人は伝えたと思っていたが、実際は伝えていなかった。
2　×　男の人が今から伝えるわけではない。
3　×　何も聞いていないので、何の助けにもなっていない。

9 3 🔊 052

M： 貴重なお時間をいただきましてありがとうございました。
F： 1　お会計はこちらです。
　　 2　お急ぎのところ申し訳ございません。
　　 3　こちらこそ、とても楽しかったです。

1　×　時間はお金では買えない。
2　×　相手が急いでいるとは言っていない。
3　○　時間を一緒に過ごしたことへ感謝している。

10 1 🔊 053

> F: このシステム開発目的っていうのがよくわからないんですよね。
> M: 1　詳しく説明させてください。
> 　　 2　どうかお気になさらないでください。
> 　　 3　そうとも限りませんよ。

1 ○ 相手がわからないことを説明すると言っている。
2 × 相手はもっと詳しく説明してほしいと思っている。
3 × 相手がわからないと言っていることを否定しない。

11 2 🔊 054

> F: 悪いんだけど、この前の話はなかったことにして。
> M: 1　いろいろと忙しいから難しいね。
> 　　 2　えっ、どうして？　理由を聞かせて？
> 　　 3　あの話、すごく勉強になったよ。

1 × まだ話がなくなった理由を聞いていない。
2 ○ 突然、前に話していたことがキャンセルになったので、理由を聞こうとしている。
3 × 大切なのは「話がなくなった」ということ。勉強になったかどうかは関係ない。

12 3 🔊 055

> M: この映画、期待していたほどおもしろくなかったね。
> F: 1　みんなが絶対見たほうがいいってすすめるわけだね。
> 　　 2　何回でも見たくなるくらいだったよ。
> 　　 3　うん、私もいまいちだったと思う。

1 × ほかの人がいいとすすめていたかもしれないが、男の人はおもしろくなかったと言っている。
2 × おもしろくなかった映画は、何回も見たくならない。
3 ○ 「いまいち」とはあまりおもしろくなかった／良くなかったということ。

13 2 　🔊 056

> F： 山田さまがお見えになりました。
> M： 1　ここからじゃはっきり見えないな。
> 　　 2　会議室にお通しして。
> 　　 3　これを見ていただけないでしょうか。

1　×　お見えになる＝「来る」ということ。
2　○　会議室に案内してくださいということ。
3　×　お見えになる＝「来る」ということ。

14 3 　🔊 057

> M： この仕事、今日中に何とかなりそうですか。
> F： 1　今日は金曜日ですよ。
> 　　 2　これからも仕事を続けたいと思います。
> 　　 3　頑張って終わらせます。

1　×　今日の曜日を聞いているわけではない。
2　×　この仕事をこれからも続けたいかどうかは聞いていない。
3　○　仕事を今日までにやってほしいとお願いしている。

15 1 　🔊 058

> F： 彼にはこの仕事はさせられません。
> M： 1　そうですね、ほかの人に任せましょう。
> 　　 2　ええ、お疲れさまでした。
> 　　 3　いや、彼ならやりかねないですよ。

1　○　彼にこの仕事は任せられないと言っている。
2　×　何か仕事などが終わったときに言うことばである。
3　×　「やりかねない」は「何か良くないことをする可能性がある」という意味である。

16 2
🔊 059

F： 帰ってきたら、すぐにご飯を食べられるようにしておくね。

M： 1　おいしそう！ いただきます。
　　 2　ありがとう、いってきます。
　　 3　今日は何が食べたい？

1　×　まだご飯はできていない。
2　○　帰ってきたら、ご飯ができていると言っている。
3　×　ご飯を作るのは女の人である。

17 1
🔊 060

F： 頑張るのはいいけど、ほどほどにね。

M： 1　わかってるよ。無理はしない。
　　 2　うん、一生懸命頑張るよ。
　　 3　なかなかやる気が出なくってさ。

1　○　無理はしない＝ほどほどにやるということ。
2　×　「ほどほどに」とは、頑張りすぎないという意味である。
3　×　男の人は頑張っている。

18 2
🔊 061

M： これ、本当にもらってもいいの？
F： 1　ええ、頂戴します。
　　 2　どうぞ、遠慮なく。
　　 3　いいえ、お構いなく。

1　×　もらっていくのは男の人である。
2　○　何かをわけたりあげたりするときに使うことばである。
3　×　「お構いなく」は相手の申し出に遠慮する場合に使うことばである。

19 **3** 　　　　　　　　　　　　　　　　　　　　　🔊 062

F： ご不明な点がございましたら、いつでもご連絡いただければと思います。
M： 1　連絡先は名刺に書いてあります。
　　 2　今すぐお調べいたします。
　　 3　お気遣いありがとうございます。

1　×　連絡をするのは男の人である。
2　×　不明な点は今のところ何もない。
3　○　相手の親切な申し出に対してお礼を言っている。

20 **1** 　　　　　　　　　　　　　　　　　　　　　🔊 063

M： これくらい買ってくれてもいいんじゃない？
F： 1　だめ。自分のお小遣いで買いなさい。
　　 2　買ってくれてありがとう。
　　 3　もっと買ったほうがいいと思うよ。

1　○　買ってほしいというお願いに対してだめだと言っている。
2　×　まだ何も買っていない。
3　×　まだ何も買っていない。

21 **2** 　　　　　　　　　　　　　　　　　　　　　🔊 064

F： まさかこんなことになるなんて。どうしよう。
M： 1　確かに迷っちゃうよね。
　　 2　どうしたの？何があったの？
　　 3　うん。偶然だね。

1　×　女の人は迷っているわけではない。
2　○　相手がパニックになっているときに、状況を確認している。
3　×　偶然に起きたかどうかは分からない。

22 3

🔊 065

> M： 何かお飲み物でもお持ちしましょうか。
> F： 1　コーヒーでいいですか。
> 　　 2　はい、少々お待ちください。
> 　　 3　じゃあ、冷たいものをお願いします。

1　×　飲み物を持ってくるのは男の人である。
2　×　飲み物を持ってくるのは男の人である。
3　○　自分が飲みたいものをお願いしている。

23 1

🔊 066

> F： 電車に遅れちゃうから、走らなきゃ。
> M： 1　何とか間に合ってくれ。
> 　　 2　まもなく発車します。
> 　　 3　予約しておくよ。

1　○　走っているのは、何とか間に合って電車に乗りたいからである。
2　×　これは駅員が言うことばである。
3　×　電車を予約しておいても、電車の時間に間に合わなければ意味がない。

24 2

🔊 067

> F： そんなにひどい言い方しなくてもいいじゃないですか。
> M： 1　どうしてあんな言い方しかできないんだ。
> 　　 2　言い過ぎたよ、ごめん。
> 　　 3　えっ？　言っておいたんじゃないの？

1　×　ひどい言い方をしたのは男の人である。
2　○　ひどい言い方をしたことを謝っている。
3　×　何か伝え忘れてるときに使うことばである。

25 2

M： わー、懐かしい。中学校卒業以来だね。
F： 1　卒業式は3月15日だって。
　　 2　うん、10年ぶりだね。
　　 3　今年で15歳になるんだ。

1　×　卒業式の日を聞いているわけではない。
2　○　卒業以来と言っているので、長い時間が経っている。
3　×　中学を卒業してから時間が経っているので2人は15歳ではない。

26 3

F： 忙しすぎて、ご飯を食べる時間すらなかったよ。
M： 1　ご飯は7時からでいい？
　　 2　もっとゆっくり食べたかったね。
　　 3　大変だったね。お疲れさま。

1　×　ご飯の時間を聞いているわけではない。
2　×　一緒に食事をしていて、食事の時間が短かったわけではない。
3　○　忙しくて、ご飯を食べる短い時間すら作れなかったと言っている。

27 1

F： ほかの方々にも意見を伺ったほうがいいのではないでしょうか。
M： 1　よし、いろんな人に聞いてみよう。
　　 2　では、お邪魔させていただきます。
　　 3　それがいいはずがない。

1　○　意見を伺う＝「意見を聞く」ということ。
2　×　「伺う」＝誰かの家に行くという意味もあるが、ここでは「ほかの方々の意見」と言っている。
3　×　「はずがない」は絶対にそうではないということ。

28 **3** 🔊 071

> F： どなたかご紹介いただけないでしょうか。
> M： 1　では僕から自己紹介を始めます。
> 　　 2　じゃあ、ここで待ちましょうか。
> 　　 3　何人か僕の友人に聞いてみますよ。

1　×　自己紹介をしてほしいわけではない。
2　×　待っていても誰も来ない。
3　○　誰かを紹介してほしいと言っている。

29 **2** 🔊 072

> M： ちょっと前を失礼します。
> F： 1　以前はよかったですね。
> 　　 2　ええ、どうぞ。
> 　　 3　あの人、怒ってましたよ。

1　×　昔の話はしていない。
2　○　人の前を通るときに使うあいさつ。
3　×　怒っているかどうかは分からない。

30 **1** 🔊 073

> M： 初めて作ったわりにはまあまあだと思わない？
> F： 1　うん、上手にできてるよ。
> 　　 2　さすが慣れているだけあるね。
> 　　 3　まだやったことないの？

1　○　まあまあ＝「悪くない」という意味である。
2　×　初めて作ったと言っている。
3　×　初めて作ったと言っている。

統合理解

(p.114〜115)

1

1番 2 🔊 076

1 旅行代理店で店員と夫婦が話しています。

2 M：私達夫婦と子ども2人、70代の両親で旅行を考えているんですが、何かいい
3 　　　プランはありますか。
4 F1：大人の方4名と小さいお子さんが2名ですね。それではこの「グランドビュー
5 　　　大島」はいかがでしょう。ホテルにカラオケ、プール、遊び場があり、お子さま
6 　　　向けのサービスが充実しています。
7 M：子どもが喜びそうなものばかりだな。でもパンフレットを見ると和室がなさそう
8 　　　ですね。
9 F1：和室をご希望なら、リニューアルしたばかりの「滝本ホテル」がおすすめです。
10 　　　特に温泉と料理が評判でシーズンによっては予約ができないほどです。
11 F2：いいなあ。立派な旅館。私できれば新しくてきれいなホテルがいいわ。
12 M：大人にはいいかもしれないけど、子ども達は退屈しちゃうんじゃない？
13 F1：あとは「マリンホテル」と「マリンホテル別館」もおすすめです。同じホテルです
14 　　　が別館は去年できたばかりで、専用の図書館、バー、プールがご利用いただ
15 　　　けます。「マリンホテル」は少し古いですが、別館より価格は低く、和室、洋
16 　　　室、どちらも選ぶことが可能です。
17 M：あーマリンホテルね。別館ができていたなんて知らなかったな。
18 F2：ここがいいんじゃない？子ども達も思いっきり遊べそうだし、お父さん達も本
19 　　　を読んだり温泉に入ったりしてゆっくりしてもらえるし。何よりも新しくてデザイ
20 　　　ンも素敵。
21 F1：申し訳ございません。たった今そちらの和室はすべて予約で埋まってしまった
22 　　　ようです。
23 M：仕方ないですね。今回の旅行は両親に喜んでもらうために企画したんですよ。
24 　　　子ども達には刺激が少なくても、どこか思いっきり遊べる場所に連れて行って
25 　　　あげればいいし。
26 F2：それもそうね。じゃあ和室があって、きれいなここにしましょう。

27 夫婦はどのホテルに決めましたか。
28 　1　グランドビュー大島

29	2	滝本ホテル
30	3	マリンホテル
31	4	マリンホテル別館

☐ 旅行代理店：travel agent　☐ お子さま向け：for children　☐ 充実：enrich　☐ 評判：reputation
☐ 退屈する：get bored　☐ 別館：annex　☐ 企画する：to plan　☐ 刺激：impetus

1　×　子ども向けのサービスが充実しているが、和室がない。
2　○　和室があり、リニューアルしてきれいな旅館である。
3　×　和室はあるが、ほかのホテルよりも古い。
4　×　新しくてきれいだが、和室の予約はすべて埋まっている。

2番 1　　🔊 077

1	大学で男の学生2人と女の学生1人が話しています。
2	M1：先生の退職記念パーティーで渡すプレゼント、何にしようか。
3	F　：花束渡すんでしょ？
4	M2：うん。もうそれは予約してあるんだけど、それだけじゃなくてほかに形に残るも
5	のがあったらいいねって話しててさ。
6	M1：そうそう。花っていつか枯れてなくなっちゃうじゃん。ずっと持っていられるも
7	のも贈りたいって思ってさ。
8	F　：そうだね。これからずっと使えるもの…。時計とかどう？
9	M1：さすがに高すぎじゃない？　僕達学生だし予算は限られてるからちょっと無理だ
10	よ。
11	M2：先生ってよくコーヒー飲んでたからコーヒーカップはどう？
12	F　：悪くないけど、ちょっと安すぎない？
13	M1：じゃあお酒飲むときに使ってもらうグラスは？　毎晩お酒飲むって前話してた
14	じゃん。
15	M2：先生の好きなお酒知ってる？
16	M1：ううん、そこまでは。
17	M2：どんなお酒を飲むかでグラスの種類が変わるから難しい気がするな。日本酒
18	かワインかウイスキーかで全然形が違うから僕達じゃわからない。
19	F　：あっ、食器に名前やメッセージを入れるっていうサービスあるよ。これだったら
20	プレゼントによさそう。

21	M1 :	いいね。先生に確実に喜んでもらえるものを贈ろう。
22	3人は先生の贈り物を何にしますか。	
23	1	花束と名前入りのコーヒーカップ
24	2	名前入りのコーヒーカップとグラス
25	3	花束と予算で買える時計
26	4	先生が好きなお酒とグラス

□ 退職記念：commemoration of retirement　□ 花束：bouquet　□ 枯れる：become dry
□ 予算：budget　□ 限られる：be limited

1　○　コーヒーカップだけでは安いので名前入りにすると言っている。花束は最初から贈ると決まっている。
2　×　グラスは、どんなお酒を飲むかでグラスの種類が変わるから選べないと言っている。
3　×　時計は、「僕達学生だし予算は限られてるからちょっと無理だよ」と言っている。
4　×　先生の好きなお酒がわからないことと、どんなお酒を飲むかでグラスの種類が変わるから選べないと言っている。

3番　質問1 4　質問2 1　　🔊 078

1	市民ボランティア清掃活動で、やり方についての説明を聞いて、男の人と女の人が
2	話しています。
3	M1 :	市民ボランティア清掃活動にご登録いただきありがとうございます。市民ボラン
4		ティア清掃では毎週第4土曜日の午前中に海岸エリア、駅前エリア、公園エ
5		リア、大通りエリアの4つのエリアで、空き缶やポイ捨てなどのゴミ拾いを中
6		心に行います。本日ボランティア参加者の方にボランティア専用のゴミ袋をお
7		渡しいたします。活動で出たゴミは、そちらのゴミ袋に入れていただき、地域
8		のゴミ収集所に出してください。
9	F :	駅前エリアが一番ゴミが多そうだよね。確か最近ゴミ箱がなくなってポイ捨て
10		が増えたって聞いたわ。
11	M2 :	ごみ箱がなくなったのは大通りもそうだね。特に大通りエリアは人通りが多い
12		から、ポイ捨ても結構ありそうだな。公園エリアにするつもりだったけど、家か
13		らも近いし、そっちに行こうかな。
14	F :	えっ、一緒のエリア行かないの？
15	M2 :	清掃活動が終わったら、一緒にお昼ご飯食べよう。

16	F	:	そうね。この前友達と海に遊びに行ったら、海岸にすごく大量のゴミが流れつ
17			いていたの。海の生き物がプラスチックごみを食べたり、ひっかかったりしない
18			ようにゴミを拾うのが人間の責任だと思うんだ。だから私はそっちにするね。
19	M2	:	わかった。
20	質問1		男の人はどこに行きますか。
21	質問2		女の人はどこに行きますか。

□ 清掃活動：cleanup activity　□ 登録：registration　□ 海岸エリア：coastal area　□ 専用：dedicated
□ ゴミ収集所：garbage collection point　□ ポイ捨て：to litter　□ ひっかかる：get entangled

質問1

1　×　特に何も言っていない。
2　×　特に何も言っていない。
3　×　最初は公園エリアに行こうと思っていた。
4　○　人通りが多く、ポイ捨ても結構ありそうである。また、家からも近いと言っている。

質問2

1　○　海岸に大量のゴミが流れついていたのを見て、ゴミを拾うのは人間の責任だと言っている。
2　×　最近ポイ捨てが増えて、ゴミが増えていると言っていると言っているが、駅前エリアに行くとは言っていない。
3　×　特に何も言っていない。
4　×　男の人と同じエリアに行くつもりだったが、清掃活動後に一緒になるということでやめた。

2

1番 1
🔊 079

1			家で夫婦と娘が話しています。この家族は子犬をどうすることにしましたか。
2	F1	:	あのね、お父さん。学校から帰る途中、この犬が一匹だけでずっと鳴いてて
3			震えてたの。それでおうちに連れて帰ってきちゃった。
4	F2	:	それでね、うちで飼いたいってずっと言ってるの。
5	M	:	飼いたいって簡単に言うけど、まずは警察に行かないと。
6	F1	:	警察？どうして？

7	M	：もしかしたらこの子犬の飼い主が探しているかもしれない。だから警察にこの
8		子犬を探している飼い主はいないか調べてもらう必要があるんだ。
9	F2	：たしか3か月以上経てば飼い主がいないと判断されて、新しい飼い主になれ
10		るんじゃなかったかな。
11	F1	：じゃあ3か月経ったらこの子犬飼ってもいいってこと？
12	M	：それは別の話。犬を飼うって大変なんだぞ？ 毎日散歩に行って、食事や体
13		調をチェックしてあげなきゃいけない。
14	F2	：そうよ。それに人間より犬の命は短いから、死んでしまったときとても悲しい
15		と思うの。
16	F1	：じゃあ、飼っちゃダメってこと？
17	M	：ダメとは言ってないよ。でも、もし犬を飼いたいと本当に思うなら、ちゃんと
18		準備と覚悟をしなくちゃいけないってことだよ。
19	F1	：わかった。約束する。

20 この家族は子犬をどうすることにしましたか。
21　1　飼い主が見つからなかったら、この子犬を飼う
22　2　警察に相談して、一緒に子犬の飼い主を探す
23　3　3か月間散歩に行って、食事や体調をチェックする
24　4　飼う準備と覚悟がないので、子犬をあきらめる

□ 途中：during　　□ 鳴いている：crying　　□ 震えている：trembling　　□ 飼い主：pet owner
□ 判断する：judge　　□ 体調：physical condition　　□ 覚悟：preparedness

1　○　犬を飼うことはダメとは言っていない。警察に届けて飼い主が見つからなかったら、この子犬を飼うつもりでいる。
2　×　警察に相談しに行くが、一緒に子犬の飼い主を探すことはしない。
3　×　3か月間は警察に届けてから飼い主を探すまでの期間のこと。散歩や、食事や体調のチェックは犬を飼ってからすること。
4　×　飼う準備と覚悟ができてからでないと犬を飼ってはいけないと言っている。

2番 3
🔊 080

1 友達3人が旅行に行く相談をしています。

2 F1：スキー場までどうやって行こうか。
3 F2：やっぱり始発の電車に乗って行くのがいいんじゃない？ 駅でレンタカーを借り
4 　　　て行けばスキー場の到着は9時ごろになる。結構スキー場で長い時間遊べる
5 　　　よ。
6 M ：荷物が大きいから移動が大変だな。
7 F1：バスで最寄りまで行く方法もあるよ。安いし乗り換えがない分楽だよ。
8 F2：安いけど、朝5時出発だって。さすがに出発時間、早すぎるよ。
9 M ：じゃあさ、思い切ってここからレンタカーで行かない？ 1日借りるプランを調べ
10 　　　たら思ったより高くなかった。
11 F1：えー、見せて。
12 F2：本当だ。電車使って行くのと同じくらいだね。
13 M ：もちろんこれに加えてガソリン代がかかるけど、荷物を持って移動しなくてもい
14 　　　いって言うのが一番のメリットだよ。
15 F1：3人とも運転免許持ってるから交代で運転できるしね。
16 F2：到着時間は9時ごろか。電車と変わらないね。
17 M ：うん。一番楽な方法で行って、向こうでたくさん遊ぼう。

18 男の人が車で行きたいといった理由は何ですか。
19 　1　スキー場で長く遊べるから
20 　2　出発時間が早いから
21 　3　移動が楽だから
22 　4　全員運転免許を持っているから

□ 始発：first departure of the day　□ 最寄り：nearest　□ 乗り換え：transfer　□ 思い切って：boldly
□ 交代で：in turns

1　×　到着時間は9時ごろなので、電車で行くのとあまり変わらない。
2　×　車で行く場合、出発時間が何時になるかはわからない。
3　○　「荷物を持って移動しなくてもいいって言うのが一番のメリットだよ」と言っている。
4　×　3人とも運転免許を持っているから、楽に移動できるということ。

3番 質問1 **1** 質問2 **2** 　　　　　　　　　　　　　　🔊 081

1　学校で職場体験について先生が説明しています。

2　F ：来月から5日間の職場体験が始まります。職場体験は、将来自分にあった職
3　　　業とは何かを考えるきっかけになります。また、社会のしくみだけではなく、ほ
4　　　かの人と協力することの大切さも学ぶ良い機会になります。今回職場体験に
5　　　ご協力いただけるのは、「いちご保育園」さん、「インターナショナルホテル」さ
6　　　ん、「みどり農園」さん、「市立図書館」さんの4つです。最も興味がある職場
7　　　を一つ選んで、明日までに教えてください。

8　M ：職場体験どうする？子どもと遊ぶの楽しそうだし保育園にしようかな。
9　F2：先生が、将来自分がなりたいと思う仕事を選びなさいって言ってたじゃん。そ
10　　　れに保育園の先生が子どもと遊んでるだけって思ってる？トイレに行かせた
11　　　り、親と連絡とったり、やることが山のようにあって大変なんだよ。
12　M ：うわー、大変そう。でも、何を基準にして選べばいいかわからないよ。
13　F2：私はいつか英語を使った仕事がしたいって思ってるから、国際的な職場にす
14　　　る。そういうのないの？
15　M ：うーん、高田さんと違って英語を使ってホテルの宿泊客と話したいって思えな
16　　　いし、農園はおじいちゃんが農業やってるからよく手伝ってるんだよ。
17　F2：そっか。
18　M ：でも静かな空間で仕事をするよりも、大変だけど、元気でにぎやかな職場で学
19　　　びたいかな。
20　F2：うん。確かに田中君の性格に合ってる気がするよ。

21　**質問1** 男の学生はどこに行きますか。
22　**質問2** 女の学生はどこに行きますか。

□ 職場体験：work experience　□ しくみ：structure　□ 協力：cooperation　□ 基準：standard
□ 宿泊客：guest

質問1

1　○　「大変だけど、元気でにぎやかな職場で学びたい」と言っている。
2　×　英語を使って仕事がしたいと思っていないと言っている。
3　×　おじいちゃんの農業を手伝っているので、あまり興味がない。
4　×　静かな空間で仕事をするよりもにぎやかな職場で学びたいと言っている。

質問2

1 ×　保育園の先生はやることが山のようにあり、大変だと言っている。
2 ○　将来、英語を使った仕事がしたいって思ってるから、国際的な職場にすると言っている。
3 ×　特に何も言っていない。
4 ×　特に何も言っていない。

3

1番

🔊 082

大学のゼミで3人が発表の相談をしています。

M1：「少子化対策と今後の日本」の発表、時間が全然足りないよ。どうしよう。

F　：前半は「現在の少子化対策」について調べたことをまとめて、後半は「少子化が進んだ日本の今後」について話すつもりだったけど、前半の内容が多すぎたね。

M2：最初の「世界の少子化率クイズ」っていうのは内容に直接関係ないからいらなくない？

F　：えー、私はみんなに興味持ってもらうためにはいいと思うんだけど。それより前半の「都道府県別の少子化率の比較」の部分、ボリュームが多いんじゃないかと思う。

M2：でも、都道府県別の比較がないと、都会と田舎での少子化問題の違いがはっきり分からないから、後半部分と繋がらなくなるよ。

M1：うん。テーマは「少子化対策と今後の日本」だから、日本の地域差について言わないわけにはいかないと思う。

F　：そうだね。じゃあやっぱり最初の部分はやめよう。

M1：それがいいね。あと、僕の話し方、もっと早口で話したほうが時間に余裕ができるかも。

M2：早口で話しても、そんなに変わらないと思うよ。

F　：それに何言っているのか聞き取れなかったら意味がないと思う。今のままでいいよ。

3人は発表をどのように変えることにしますか。

1　クイズをやらない
2　前半の内容を減らす

24	3	都道府県別の比較を削る
25	4	早く話すように練習する

□ 少子化対策：countermeasures to the falling birthrate　□ 前半：first half　□ 後半：second half
□ 少子化率：birth rate　□ 都道府県別：by prefecture　□ 地域差：regional difference
□ 早口：fast-talking

1　○　15行目：「じゃあやっぱり最初の部分（＝クイズ）はやめよう」と言っている。
2　×　11、12行目：前半部分がないと、後半部分と繋がらなくなると言っている。
3　×　13、14行目：日本の地域差について言わないわけにはいかないと言っている。
4　×　M2が、早口で話してもそんなに変わらないと言い、Fが今のままでいいと言っている。

2番 2　🔊 083

1　会社で男の社長と部長2人がプロジェクトメンバーについて話し合っています。

2　M1：このプロジェクトはわが社にとって非常に重要なものです。だいたいのメンバー
3　　　は決まりましたが、あと1人、加わっていただきたいですね。
4　F　：今回のプロジェクトは複数の海外企業も参加するので、森さんがいいのではな
5　　　いでしょうか。彼は英語だけではなく韓国語、中国語もできますから、海外企
6　　　業とのやり取りも安心して任せられます。
7　M2：僕は中井さんがいいと思いますよ。彼は経験は浅いですが、ほかの人と積極
8　　　的に関わり合い学ぼうとする人ですから、このプロジェクトが終わったころには
9　　　すごい成長できると思うんです。
10　M1：そうですね。プロジェクトにはベテランの渋谷さんや青木さんが決まっていま
11　　　す。渋谷さんも海外経験が豊富なので、海外企業とのやり取りは彼を中心に
12　　　やってもらおうと考えていました。
13　F　：青木さんは、以前中井さんと一緒に別のプロジェクトもやっていましたから、そ
14　　　の点は安心ですね。
15　M2：あの2人なら経験のない人をしっかりサポートできるので、安心だと思います。
16　M1：では、彼に決めましょう。

17　新しくメンバーに選ばれたのは誰ですか。
18　1　森さん
19　2　中井さん
20　3　渋谷さん

21　4　青木さん

- 複数：multiple　　海外企業：foreign company　　浅い：shallow　　ベテラン：veteran
- 豊富：wealth

1　×　海外企業とのやり取りも安心して任せられると言われているが、海外企業とのやり取りは渋谷さんが中心で行うと言っている。
2　○　経験は浅いが積極的に学ぶタイプで、成長が期待できると言われている。また、以前、青木さんと一緒に仕事をしていたこともある。
3　×　すでにプロジェクトメンバーとして決まっている。
4　×　すでにプロジェクトメンバーとして決まっている。

3番　質問1 1　質問2 3　　🔊 084

1　音楽フェスタで会場の説明を聞いて、女の人と男の人が話しています。
2　M1：サマー音楽フェスタは海の公園を貸し切り、さまざまな音楽アーティストの音
3　　　　楽を楽しみながら、キャンプ、フード、グッズ販売などでお楽しみいただけま
4　　　　す。この入場門の左側にイベント限定のグッズ販売のスペースがございます。
5　　　　入場門右側にはフードコーナーがあり、アルコールの販売も行っております。
6　　　　奥に進んでいただくとキャンプエリアがあります。テントをはる場所は指定がご
7　　　　いませんので、空いているスペースにお客さまの判断でご準備ください。そして
8　　　　キャンプエリアの正面に音楽ステージがございます。どうぞ、お楽しみください。
9　F　：音楽フェスタ、楽しみ！ まずどこから行こうか。私、グッズ販売見に行きたい。
10　M2：それよりも先にステージが見えるいい場所を取っておいたほうがいいよ。いい
11　　　　場所はどんどん人に取られちゃうから。
12　F　：そうだね。テントが先だね。あっ、でもパンフレット見て。限定販売のグッズ
13　　　　があるんだって。しかも数には限りがありますって書いてある。
14　M2：それじゃあ僕が準備しておくから、先に欲しいもの買ってきたら？ それ買った
15　　　　ついでにフードコーナーで何かつまめるものも買ってきてよ。お腹すいちゃって。
16　F　：うん。わかった。

17　質問1　女の人はどこに行きますか。
18　質問2　男の人はどこに行きますか。

- フェスタ：festival　　貸し切る：charter out　　入場門：admission gate　　奥：at the back
- テント：tent　　はる：put up　　つまめるもの：something to hold on to

質問1

1　○　数に限りがある限定販売のグッズが欲しいと言っている。
2　×　グッズ販売に行った後に、フードコーナーで男の人が食べるものを買って来る。
3　×　キャンプエリアでテントの準備をするのは男の人。
4　×　音楽ステージが見えるいい場所を男の人が取ってくれている。

質問2

1　×　グッズ販売に行きたいのは女の人。
2　×　女の人にフードコーナーで何か食べられるものを買ってきてほしいと言っている。
3　○　先にキャンプエリアに行ってテントを準備しておくと言っている。
4　×　音楽ステージが見えるいい場所を取りたいと言っている。

模擬試験　回答

文字・語彙・文法・読解

問題1

1	2	3	4	5
2	4	2	1	4

問題2

6	7	8	9	10
1	2	2	3	2

問題3

11	12	13	14	15
1	4	3	1	3

問題4

16	17	18	19	20	21	22
2	3	3	3	1	1	1

問題5

23	24	25	26	27
4	1	3	2	1

問題6

28	29	30	31	32
1	2	1	1	2

問題7

33	34	35	36	37	38	39	40	41	42
2	2	4	1	4	2	2	4	1	2

43	44
1	2

問題8

45	46	47	48	49
1	4	3	3	3

問題9

50	51	52	53	54
2	4	4	1	1

問題 10

55	56	57	58	59
4	4	3	3	1

問題 11

60	61	62	63	64	65	66	67	68
4	4	2	3	2	1	4	1	3

問題 12

69	70
2	4

問題 13

71	72	73
4	1	2

問題 14

74	75
2	4

聴解

問題 1

1	2	3	4	5
3	4	4	4	3

問題 2

1	2	3	4	5	6
1	3	2	1	4	2

問題 3

1	2	3	4	5
1	2	3	1	4

問題 4

1	2	3	4	5	6	7	8	9	10
1	1	2	3	1	1	3	2	3	1

11	12
2	2

問題 5

1	2	3(1)	3(2)
3	2	1	2

模擬試験　言語知識・読解

問題1

1 2 あたまきん：down payment
　1　頭巾：hood

2 4 てま：effort
　1　主観：subjectivity

3 2 まねいて：invite
　1　書く：write、描く：draw
　3　撒く：scatter
　4　吐く：spit、履く：wear、掃く：sweep

4 1 かた：shoulder
　2　腰：waist
　3　腕：arm
　4　胸：chest

5 4 こんだて：menu

問題2

6 1 食欲：appetite

7 2 翌日：next day
　4　本日：today

8 2 印字：printing

9 3 差した：offered
　1　刺す：stab
　2　指す：point
　4　挿す：insert

10 2 通って：attend

3 送る：send

問題3

11 1 者　責任者：person in charge
　関係者、担当者、経営者、高齢者、参加者

12 4 感　存在感：presence
　期待感、違和感、安心感、責任感、親近感
　2　〜性：安全性、可能性
　3　〜化：近代化、少子化、国際化、多様化、深刻化、機械化、温暖化

13 3 再　再発行：reissue
　再〜（もう一度）：再出発、再開発、再調査、再スタート、再生産
　2　全〜（すべての）：全世界、全社員、全学生、全人生

14 1 未　未成年：minor
　未〜（まだ〜ていない）：未完成、未発表、未提出、未経験、未開発

15 3 がり　寒がり：sensitive to cold
　寒がり＝寒く感じやすい
　暑がり、さみしがり、怖がり

問題4

16 2 ペース：pace
　1　スーツ：suit
　3　シール：sticker
　4　シャープ：sharp

2 3 ぎっしり：tight

- 1 じっくり：slow
- 2 ぴったり：snug
- 4 ぐったり：limp

[18] **3 器用：dexterous**
- 1 おおざっぱ：rough
- 2 わがまま：selfish
- 4 上品：elegant

[19] **3 あせった：panicked**
- 1 あきる：get bored
- 2 あがる：lift up
- 4 あてる：treat

[20] **1 たまる：accumulate**
- 2 受ける：receive
- 3 こもる：lodge
- 4 つまる：clog

[21] **1 保存：save**
- 2 編集：edit
- 3 印刷：print
- 4 検索：search

[22] **1 余裕：composure**
- 2 余白：margin
- 3 余分：extra
- 4 余計：superfluous

問題5

[23] **4 停止して：stop, freeze**
- 1 消える：disappear
- 2 動く：move
- 3 ぶれる：shake

[24] **1 よく：often, regularly**
- 2 たまに：occasionally
- 3 ときどき：sometimes
- 4 前もって：in advance

[25] **3 さからう：rebel, disobey**
- 1 あやまる：apologize
- 2 かんしゃする：be grateful
- 4 からかう：tease

[26] **2 めんどうな：bothersome, troublesome**
- 1 楽な：easy
- 3 あいまいな：ambiguous
- 4 みじめな：miserable

[27] **1 小さい：tight, small**
- 2 大きい：large
- 3 短い：short
- 4 長い：long

問題6

[28] **1** 今の日本社会では収入の<u>格差</u>が広がっている。
- 2 このコースは高いものから安いものまで<u>ランク</u>がある。
- 3 日本語の<u>レベル</u>によってクラスが分かれている。
- 4 この地域は車を持っている人の<u>割合/比率</u>が高い。

[29] **2** 前の車が遅かったので<u>追い越</u>した。
- 1 先に出発したグループに<u>追いついた</u>。
- 3 電車で寝てしまい、降りる駅を<u>乗り過</u>ごしてしまった。
- 4 逃げ出した犬を急いで<u>追いかけた</u>。

[30] **1** 今日は何もなく<u>穏</u>やかな日だった。

2 試験中の教室はとても静かだ。
3 世界の平和を祈らずにはいられない。
4 これが間違いであることは明らかだ。

[31] 1 うっかりカギをかけ忘れてしまった。
2 授業中にこっそりお弁当を食べた。
3 ばったり駅で友達に会った。
4 週末ゆっくり本を読んだ。

[32] 2 化粧品のサンプルをもらった。
1 あのカップルはいつも仲がいい。
3 パソコンのスキルを上げるために、勉強している。
4 今日の服はとてもシンプルだ。

問題7

[33] 2 ものなら
戻れるものなら＝戻れないが、もし戻れるなら
＊休めるものなら休みたい（休めないけど、もし休めるなら休みたい）

[34] 2 残念でならない
残念でならない＝とても残念だ

[35] 4 限り
県内在住者に限り＝県内に住んでいる人だけ

[36] 1 ことに
「うれしいことに、子どもが生まれた。」など、気持ちを強く言いたいときに使う。ほかにも驚いた、残念な、悲しい、おもしろい+ことに〜などもよく使う

[37] 4 どころ
旅行どころじゃなかった＝旅行する時間もないくらいだった。

[38] 2 反して
予想に反して＝予想と反対の結果になった

[39] 2 戻り次第
戻り次第＝戻ったらすぐ

[40] 4 かねます
わかりかねます＝わかりません。

[41] 1 からすると
この症状からすると＝この症状から考えると

[42] 2 お越しくださり
お越しくださり＝来てくれて

[43] 1 にかかわらず
経験の有無にかかわらず＝〜経験あるなしに関係なく

[44] 2 わりに
平日のわりに＝いつも平日は忙しくないのに

問題8

[45] 3 うちの会社は二日くらいならまだしも、一週間もお休みは取れないと思う。
二日くらいならまだしも＝二日ならまだいいが

[46] 4 お申し込みの際はメールあるいは申し込みフォームからご連絡ください。
お申し込みの際は＝お申し込みの場合は

[47] 3 いつも折りたたみ傘をかばんに入れているのに、持っていない日に限って雨が降る。
持っていない日に限って＝持っていない日

に運悪く

[48] 3 A　おいしいハンバーグだったね。
　　　B　長い時間待ったかいあったね。
長い時間待ったかい（が）あった＝長い時間待った価値があった

[49] 3 携帯電話さえあれば時計はもちろんお財布も要らないと言う人が増えてきている。
携帯電話さえあれば＝携帯電話だけあれば

問題9

[50] 2 際に
「買い物をするときに」と同じことばが入る。

[51] 4 それによって
前の文が原因ということを表すことばが入る。

[52] 4 廃棄せざるを得ない
販売期限を過ぎるとどうなるか → 「廃棄しなければいけない」と同じ表現が入る。

[53] 1 ちなみに
補足で「消費期限」と「賞味期限」のことを説明している。

[54] 1 a増え/b減らす
奥から商品を取る → 廃棄食品が増える。
「てまえどり」をする → 廃棄食品が減る。
自動詞と他動詞に注意する。

問題10

55 4

□ 誘惑に負ける：give in to temptation　□ 線引きをする：draw a line　□ 筋合いはない：have no reason to

1　×　2行目：スマホ依存症になることによって困ることが増えてしまうということを主張している。したがって、最も合うものであるとは言えない。
2　×　4行目：筆者は「それが続くのは問題である」という意識を持っているので、「仕方ないこと」とは言っていない。
3　×　6行目：決して「自分には関係ない」とまで強く言っていない。
4　○　5行目：「自分をコントロールできないのは問題だ」とある。

56 4

□ 保護者：guardian　□ 猛暑日：extremely hot day　□ 救急搬送：emergency transport
□ 報道：news press　□ 気象庁：weather bureau　□ 最優先：highest priority　□ 配慮：consideration

1　×　1行目：運動会の日程を変更する理由の一つ。
2　×　2行目：運動会の日程を変更する理由の一つ。
3　×　3行目：運動会の日程を変更する理由の一つ。
4　○　4～5行目：1～3の理由により、運動会を変更することが決まったことを伝える文章である。

57 3

□ ビキニ：bikinis　□ 露出：exposure　□ 対極：opposite　□ 窮屈：cramped

1　×　自分の好きな色やデザインを選んでいるのは欧米の人たちで、筆者ではない。
2　×　意識を持っていないのは欧米の人たちで、筆者はその意識を持っていない。
3　○　「意識している」ことを窮屈だと思っているが、それができないと書かれている。
4　×　質問文では「自覚すること」と続いており、筆者は「自覚する」行為から抜け出したいとは考えていない。

58 3

1　×　5行目：出産・育児休暇が終わったことを言っているので、出産の報告ではないことがわかる。
2　×　7行目：「ご迷惑をおかけすることもある」と言っているので、今の段階で迷惑をかけたことはない。
3　○　10行目：「復職後はしばらく9時～16時までの時短勤務となる」とあるので、職場復帰する前と勤務時間が変わることがわかる。
4　×　11行目：「ご挨拶にお伺いしたい」と言っているが、「いつが良いか」とは聞いていない。

[59] 1

□ 見立て：diagnosis　□ 一概に：sweepingly

1　○　1、2行目：「いったい何の得があるのでしょうか」とあり、筆者は一貫して「○○嫌い」を否定している。
2　×　「つまらなかったと思う」経験を得ることができる。
3　×　5行目：「苦手なモノを食べることほどの肉体的苦痛はない」と言っているが、一番言いたいことではない。
4　×　「時間のムダだった」と思う可能性はあると言っているが、絶対ムダだとは言っていない。

問題11

❶

□ 属する：belong to　□ 細部の：detailed　□ なじんでいる：get used to　□ ブーム：trend
□ 分別ある：have discretion

[60] 4

1　×　調査結果で、正しい箸の持ち方の人が半数まで減った原因。
2　×　日本人の箸の使い方について書いてある。
3　×　欧米人が箸を使う機会が増えた理由。
4　○　「これ」は直前の文章の内容を指している。つまり「大人になってから覚えること」が正解。

[61] 4

1　×　「箸は独特な道具」だが、箸を正しく使えない理由にはなっていない。
2　×　自信があっても正しく箸を使えない人がいるので、自信があれば箸を正しく使えるわけではない。
3　×　10行目：「箸を使う機会が増えた」とあるが、日本人より欧米人のほうが箸を使う機会が多くなったとは書かれていない。
4　○　14行目：「成長の過程で長い年月をかけて身についたクセは、なかなか抜けないものです。」とある。

[62] 2

1　×　3〜5行目に日本人の多くが箸を使いこなせていないことの説明が書いてあるが、「恥ずかしい」とは言っていない。
2　○　12行目「大人になってから、正しい使い方を、すばやく覚えることができる」、15行目「身についたクセは、なかなか抜けない」、15行目「間違ったやり方を覚え込む」とある。

3	×	12行目では「分別ある大人になってから、前知識なく素直な心で習得するほうが、正しい使い方を、すばやく覚えることができるのです」と書いてある。
4	×	10行目「大人になってから正しい箸の持ち方を習っています」、15行目「身についたクセは、なかなか抜けない」とあるので、習ったほうが意外にうまく使いこなせるようになると書いてある。

❷

□ 共同作業：group work □ 営利事業：for-profit business □ ないがしろにする：ignore

63 3

1	×	共同生活で米や家、道路を作る必要はなくなったが、それが「働くこと＝お金をもらうこと」になった理由であるとは書かれていない。
2	×	お金を稼ぐための労働ができたか、できていなかったかまでは書いてない。
3	○	働くことと社会参加の結びつきが見えなくなったことで、意識が変わったと言える。
4	×	働くことが社会的に意味がないとは書かれていない。

64 2

1	×	これは昔の労働のあり方。
2	○	9行目：「本来の目的である「社会を成り立たせ、まわす」こと」とある。
3	×	今の社会では「お金を稼げているかどうか」が重要視されているが、「本当の労働」であるとは書いてない。
4	×	12行目：「どんなによい仕事をしていても、それが「営利事業」として評価され、お金を稼がなければ仕方ありません」とあるので間違い。

65 1

1	○	6行目：「お金をあいだにはさむことによって、実際の「働く」ことがどのように社会に役立っているのかが見えにくくなっています」と書いてある。
2	×	後半の部分は本文では書かれていない。
3	×	社会に参加する必要がなくなったとは言っていない。
4	×	今は労働の目的が変わってしまったというのが筆者の主張だから間違い。

❸

□ 幸せに浸る：be blissful □ 進化心理学者：evolutionary psychologist □ 習性：habit □ 漁場：fishery
□ 生物学的：biologically □ 反映：reflection

66 4

1	×	4行目：「生きていくには、イチゴ畑があれば充分だし、新たな挑戦もせずに済むので楽なはずだが、それではなぜか人は飽き足らない」と書いてある。
2	×	5行目：「持っているもの（イチゴ畑）を過剰に評価していると、環境が変わったとき

に生き残れなくなる」と書いてある。
3 × 今持っているものに満足していても、本能的に満足していることを忘れてしまう（＝飽きる）。
4 ○ 9行目：「今持っているものに飽きて、新しいものを求めるように本能に仕向けられている」と書いてある。

67 1

1 ○ 15行目：「いつまでも一緒にいる必要がある」とあり、それを友人として例えている。
2 × 人は不安を見つける天才だと書いてあるが、相談するべきだとは言っていない。
3 × 不安を友人として例えているだけなので、本当の友人と共有するとは言っていない。
4 × 「あきらめること」はネガティブな感情だが、ここでは不安と友人になるというポジティブな感情に変えようと主張している。

68 3

1 × 9、10行目：人の本能が今あるものに飽きて満足できなくなってしまうとある。
2 × 13行目：意識しても、「生まれつき人に備わってしまっている仕組み」なのだから変えられない。
3 ○ 11行目：「だから、どこまで行っても悩み、不安が出てくる」とあるので、切り離せないと言っている。
4 × 「悩みや不安はなくなることはない」というのが筆者の主張だから、後半部分が間違っている。

問題12

□ 過疎化：depopulation　□ 少子高齢化：low birth rate and aging population　□ 解消する：resolve
□ キャッシュレス決済：cashless payment　□ 普及する：become prevalent　□ 店舗：store
□ 人件費：labor costs　□ コスト：costs　□ 継続的に：ongoing　□ 常連：regular
□ 根付いている：rooted

69 2

1 × 無人コンビニの安全性について触れているのはAだけ。
2 ○ Aは「24時間営業なので高い給料を出しても人が集まらない」「無人だったら人件費を削ることができてコストが下がる」と述べており、Bは「どのコンビニも苦しい状況にある」「コストを減らすために無人コンビニの数を増やす」と述べている。
3 × Bでは、キャッシュレス決済について何も書かれていない。
4 × Aでは過疎化が進む地域でも営業ができるようになると言っているが、現在拡大しているとまでは書かれていない。また、Bでは過疎化地域のコンビニについては書かれていない。

70 4

1　×　Aは、「お店に現金を置かなくてもいい」という安全面について書いているが、「地域社会における防犯上の安全面」については何も言っていない。
2　×　社会問題について触れているのはAだけ。
3　×　Aでは、長時間労働の問題や人手不足など、日本人の働き方に関わる問題について書いてあるが、コンビニが働き方を変える役割を持っているとまでは言っていない。Bは正しい主張。
4　○　Aの最後の段落で「場所や状況を問わず質の高い商品やサービスを利用し続けられる」とあるので、正しい意見。Bは「地域社会における人と人との交流の場所としての役割がある」とあるので、正しい答え。

問題13

□ 禁じられる：forbidden　□ 抑制：restraint　□ 拘る：be obsessed　□ とことん：thoroughly
□ 理屈：logic　□ 観測：observation　□ 主観的：subjectively　□ 都合良く：convenient
□ 創作する：create　□ 一般論：generalization　□ すんなり：easily　□ 頭に血が上る：to lose one's cool
□ 肝心な：crucial　□ 教訓：lesson　□ 対処：deal with

71 4

1　×　「かっとなってなにをするかわからない」のが動物的な本能である。理屈とは、相手を攻撃するための理由として使われるものである。
2　×　理屈とは、お互いの主観的な観測結果に基づいて作られるものである。
3　×　理屈とは、かっとなってしまった感情の理由である。
4　○　14行目：「さらには、理屈のほとんどは、さきに感情があって、それをバックアップするために捏造されたものである」と書かれている。

72 1

1　○　8行目：「同じ現象でも、違った観測をし、その観測結果に基づいて理屈を作る」と書かれている。
2　×　最初から自分の理屈が正しく、相手が悪いと決めつけているかどうかは本文からは分からない。
3　×　結果が正反対なのは、理屈は主観的な視点に立っているからであり、冷静さがあるかどうかは関係ない。
4　×　相手の気持ちになって向き合うことは大切だとわかっていても、忘れてしまうのでトラブルになってしまう。

73 2

1　×　20行目：「トラブルに直面すると、頭に血が上っているから、これを忘れてしまう」と書かれている。

2	○	15行目：「怒っている、という感情が基本で、怒るための理由を考えてかなりの部分を都合良く創作しているのだ」と書かれている。
3	×	25行目：「かっとなって血が上っている頭は、馬鹿なのである」と書いてある。
4	×	24行目：「「相手の気持ちになって」では、今向き合っている相手のことだ、と気づくのが遅れる」と書かれている。

問題14

- 救急患者：emergency patient　□ 診療：medical treatment　□ 応急診療：emergency treatment
- 診療科目：medical subject　□ 内科：internal medicine　□ 小児科：pediatrics　□ 外科：surgery
- 歯科：dentistry　□ 広報誌：public relations magazine　□ 受診：medical examination
- 健康保険証：health insurance card　□ 医療証：medical card　□ 応急的：emergency
- 外来診療：outpatient care　□ 処方：prescription

74 2

1	×	救急医療センターでは歯科の治療はできない。
2	○	8月15日のお盆休みは休日歯科当番医療機関で診察を受けることができる。診療時間も午後1時からなので問題ない。
3	×	8月15日はお盆休みなので、かかりつけの歯医者も開いていない。
4	×	救急医療センター相談係では、歯科の相談はできない。

75 4

1	×	救急医療センターで診察を受けたあとはかかりつけ医で診察を受けるように進められている。日曜日の翌日は月曜日なので、かかりつけ医に診てもらうことができる。
2	×	099-23-4567は救急医療センター相談係の電話番号であり、かける意味はない。
3	×	当番医療機関があるのは外科と歯科の場合だけである。高熱が出た場合は、内科を受診するので関係ない。
4	○	日曜日の翌日は月曜日なので、救急医療センターに行く必要はない。かかりつけ医で通常の診察を受ける。

模擬試験　聴解

問題1

※ 例の解説は本冊のp.94にあります。

1　3　　🔊 087

1　家で女の人と男の人が話しています。女の人は今からすぐにどこに行きますか。
2　F：ねえ、どっちのスカートのほうがいいと思う？ 春だからピンク色でもいいよね。
3　M：子どもの卒業式なんだから、派手な色はやめたほうがいいんじゃない？
4　F：そうね。あっ、この黒いスカート、ちょっと汚れてる！ 前に着ていったパー
5　　　ティーで汚しちゃったのかも。今からクリーニングに持って行っても間に合わな
6　　　いかな…。
7　M：じゃあ、急いでデパートに行って新しいやつ買ってきたら？
8　F：わざわざ買いに行って気に入るものがなかったら時間の無駄だよ。せっかく買
9　　　うなら気に入ったものを買いたい。
10　M：そういえば、午前中にお店に持っていけば、夕方には手元に戻ってくるスピード
11　　　洗いコースっていうのがあった気がする。これだったら明日には間に合うんじゃ
12　　　ない？
13　F：デパート行くより確実だね。じゃあ、急いで行ってくる。

14　女の人は今からすぐにどこに行きますか。

□ 派手な：brash　□ 手元：at hand

1　×　　子どもの卒業式に行く準備をしている。
2　×　　パーティーは黒いスカートを汚してしまった場所。
3　○　　10～12行目：スピード洗いコースを利用すれば、間に合うと言っている。
4　×　　8行目：「わざわざ買いに行って気に入るものがなかったら時間の無駄」と言っているので、デパートに行く気はないことがわかる。

2　4　　🔊 088

1　会社で女の人と男の人が話しています。女の人は誰にコピーの部数を聞きますか。
2　F：原田さん、ちょっとコピー機使ってもいいですか。

3	M：	もうすぐで終わるから、ちょっと待ってて。
4	F：	すごい量のコピーですね。何部コピーしてるんですか。
5	M：	100部。高木さんからいきなり頼まれちゃって。山田さんからもついでにこの資
6		料もコピーしてって頼まれてるし、僕はコピー係じゃないって。
7	F：	お手伝いしますよ。この資料は何部すればいいですか。
8	M：	あっ、何枚だったっけ？ 悪いんだけど山田さんに聞いてからやってもらえる？
9	F：	わかりました。
10	M：	悪いね。助かるよ。
11		女の人は誰にコピーの部数を聞きますか。

□ コピー機：photocopy machine

1 × 原田さんは今コピー機を使っている人。
2 × 6行目：「僕はコピー係じゃない」と言っている。
3 × 高木さんは最初に原田さんにコピーを頼んだ人。
4 ○ 山田さんは女の人が今から手伝おうとしている資料のコピーを頼んだ人。

3 4　　　　　　　　　　　　　　　　　　　　　　　　　　　　089

1		男の人が話しています。男の人はこのあと何をしますか。
2	M：	えー、みなさん、今日は本当にお疲れさまでした。大きなトラブルもなかったし、
3		スケジュールも予定通り順調に進みました。予想以上にイベントの来場者も多
4		く、皆さんのご協力のおかげですばらしいイベントになりました。本当にありがと
5		うございました。簡単に今日のお金に関する報告をさせてもらうと、全部で8万
6		円の収入がありました。会場料金が1日4万円なので、残った4万円のうち
7		半分を次回のイベントの準備に取っておきます。残りの2万円を使って今から
8		思いっきり飲んで食べて、楽しみましょう。
9		男の人はこのあと何をしますか。

□ 順調に：steadily　　□ 来場者：attendee

1 × イベントが終わったのでスケジュールを確認する必要はない。
2 × お金に関する報告はすでに話し終わった。

| 3 | × | 6・7行目：「残った4万円のうち半分を次回のイベントの準備に取っておきます」と言っている。 |
| 4 | ○ | 7・8行目：「残りの2万円を使って今から思いっきり飲んで食べて、楽しみましょう」と言っている。 |

4 4　　🔊 090

1　家で息子と母親が話しています。息子は今から何をしますか。

2　M：ただいま。

3　F：おかえり。おやつあるよ。食べたら？

4　M：後でいいや。それより交番行かなきゃ。

5　F：何？　何かあったの？

6　M：財布がさ、あちこち探しまわったんだけど、どこを探してもなくって。心当たりが
7　　　あるところは探したから、もう交番に行って相談するしかないと思って。

8　F：それで今までずっと探してたの？　ねえ、机の上見てみてよ。

9　M：あっ！　よかったー。

10　F：朝からずっとここに置きっぱなしだったよ。さあ、問題が解決したし、手を洗っ
11　　　て、おやつ食べよう。

12　息子は今から何をしますか。

□ あちこち：here and there　　□ 交番：police box

1	×	10、11行目：「手を洗って、おやつ食べよう」と言っているので、先に手を洗う。
2	×	机の上に財布があったので交番に相談しに行かなくてもいい。
3	×	9行目：机の上を見て、「あっ！　よかったー！」と言っている。
4	○	10、11行目：「手を洗って、おやつ食べよう」と言っている。

5 3　　🔊 091

1　お店で男の客と女の店員が話しています。男の客はこのあと何をしますか。

2　M：すみません、お会計お願いします。

3　F：Mサイズのシャツ2枚ですね。あわせて4,200円です。

4　M：はい。あ、ちょっと待ってください。えっと、確か割引クーポンがあったよう
5　　　な…。これです。

6	F：ありがとうございます。クーポンの有効期限が書いてありませんね。お調べいた
7	しますので少々お待ちください。
8	M：わかりました。じゃあ、ほかにも必要な物があるかもう少し見て回ってもいいで
9	すか。
10	F：もちろんです。こちらのシャツはレジでお預かりしておきましょうか。
11	M：よろしくお願いします。
12	男の客はこのあと何をしますか。

□ 割引クーポン：discount coupon　□ 有効期限：expiry date

1　×　クーポンの有効期限を調べなければならないので、まだ代金は支払わない。
2　×　クーポンの有効期限を調べるのは店員の仕事である。
3　○　8、9行目：「ほかにも必要な物があるかもう少し見て回ってもいいですか」と言っている。
4　×　シャツを預かるのは店員であり、男の人ではない。

問題2

※ 例の解説は本冊のp.98にあります。

①1　　　　　　　　　　　　　　　　　　　　　　　　　　🔊 094

1　大学で男の学生と先生が話しています。先生はどうして本を貸せないと言っていますか。

3　M：あの、先生、少しお時間よろしいですか。
4　F：はい。どうしましたか。
5　M：この前授業で見せてくださった本をお借りしたいんですが。
6　F：ああ、あの本はもう図書館に返却して手元にないんです。図書館に行けばある
7　　　はずです。
8　M：調べたら貸し出し中だったんです。
9　F：誰かが借りて行ったんですね。黒田先生なら同じ本をお持ちかもしれませんよ。
10　M：黒田先生ですか。確か昨日から出張だとお聞きしています。
11　F：あっ、そうでした。紹介した本ではないですが、同じ著者が書いた本ならあり
12　　　ますよ。
13　M：本当ですか。見せていただいてもいいですか。
14　F：どうぞ。

15　先生はどうして本を貸せないと言っていますか。

□ 返却：return　□ 著者：author

1　○　6行目：「あの本はもう図書館に返却して手元にないんです」と言っている。
2　×　先生はすでに図書館に本を返している。図書館の本を誰かが借りて行ってしまった。
3　×　先生はすでに図書館に本を返している。黒田先生が持っているかもしれないが、大学にいないので聞くことができない。
4　×　代わりに同じ著者が書いた本を貸してあげると言っている。

②3　　　　　　　　　　　　　　　　　　　　　　　　　　🔊 095

1　家で夫婦が子どもと行った公園について話しています。子ども達はどうして公園が
2　気に入っていますか。

3　F：今日さ、ちょっと遠出して海の見える公園に行ったの。そうしたらもう子ども達
4　　　が気に入っちゃってなかなか帰ろうとしなかったんだよ。
5　M：海で泳いだの？
6　F：まさか。泳ぐにはまだ寒いよ。あの公園、ブランコとかの遊具は結構新しいし、
7　　　てっきり遊具で遊ぶのかと思ったら、公園の木に登って全然降りてこなかった
8　　　んだよ。
9　M：木に登って大丈夫？公園の人に怒られるんじゃない？
10　F：ううん。それが「自由に登ってください」って看板に書いてあったの。今は木に
11　　　登るなんてなかなかできないからすごくうれしかったみたい。
12　M：僕たちが子どもの頃はよく木に登って遊んだもんだったよね。よし、土曜日みん
13　　　なで行こうか。
14　F：うん。子どもを自由に遊ばせられるし、私も気に入っちゃった。

15　子ども達はどうして公園が気に入っていますか。

□ ブランコ：swing　　□ 遊具：playground equipment　　□ 看板：signboard

1　×　6行目：「まさか。泳ぐにはまだ寒いよ」と言っているので、海で泳いでいない。
2　×　7行目：「てっきり遊具で遊ぶのかと思ったら、公園の木に登って全然降りてこなかった」と言っているので遊具で遊んでいない。
3　〇　10、11行目：「今は木に登るなんてなかなかできないからすごくうれしかったみたい」と言っている。
4　×　14行目：「子どもを自由に遊ばせられるし、私も気に入っちゃった。」と言っているので、これは母親がこの公園を気に入った理由である。

3 2　　096

1　大学で女の学生と男の学生が話しています。男の学生はどうして大学に来ましたか。
2　F：中村君、かなり具合悪そうだよ。大丈夫？
3　M：うん、ちょっと熱っぽくて。
4　F：無理しないで授業休めばよかったのに。先生だって体調不良だって言えば理
5　　　解してもらえると思うよ。
6　M：でもどうしてもこのノート渡さないといけなくって。
7　F：先生に渡せばいいの？私が代わりに渡しておこうか？
8　M：ううん。レポートのために確認したいことがあって伊藤さんに借りたんだ。レ

9		ポートの締切が明日までだから、ノートを返さないと伊藤さんに迷惑かけちゃう
10		から。
11	F：	じゃあ伊藤さんに渡しておくよ。先生には授業休むって伝えておく？
12	M：	大丈夫。先生には今日の授業は欠席しますってメールしたから。あとついでに
13		レポートも送ったし、今日は帰って寝るよ。
14	F：	うん、お大事に。
15		男の学生はどうして大学に来ましたか。

□ 熱っぽい：feverish　□ 体調不良：unwell

1　×　4、5行目：「先生だって体調不良だって言えば理解してもらえると思うよ」と言っている。
2　○　8〜10行目：「レポートの締切が明日までだから、ノートを返さないと伊藤さんに迷惑かけちゃうから」と言っている。
3　×　12行目：「先生には今日の授業は欠席しますってメールしたから」と言っている。
4　×　12、13行目：「あとついでにレポートも送ったし」と言っている。

4 1　　🔊 097

1		町で男の人と女の人が話しています。人が集まっている理由は何ですか。
2	M：	あれ？　あそこに人が集まってる。
3	F：	本当だね。もしかしたら有名人がいるとか？　私たちも行ってみようよ。
4	M：	そんなことしてたら約束の時間に遅れちゃうよ。ただ大人数があそこで待ってる
5		だけかもしれないじゃん。
6	F：	あ！　でも助けを呼んでいるみたいだよ。何かの事故があったみたい。
7	M：	本当だ。ちょうどパトカーも来たね。
10		人が集まっている理由は何ですか。

□ 救急車：ambulance　□ パトカー：patrol car

1　○　「助けを呼んでいるみたいだよ。何かのがあったみたい」と言っている。
2　×　事故があったので、有名人が来ていたわけではない。
3　×　事故があったので、待ち合わせではない。
4　×　パトカーが来たのは事故があったからであり、人が集まっている理由ではない。

5 4 ◀)) 098

1 会社で男の人と女の人が待ち合わせの相談をしています。2人は何時に、どこで会
2 いますか。

3 M：明日の会議、1時からだから、打ち合わせ場所までの移動時間を考えて12時
4 　　半に駅の西口に集合でいいよね。
5 F：それなんですが私、午前中に別のお客さまのところに行かなきゃいけないんで
6 　　す。直接打ち合わせ場所に行ってもいいですか。
7 M：どうやって来る？
8 F：バスを使うつもりです。実は打ち合わせの前にお昼ご飯食べたくって。バス停
9 　　の近くにいいお店があるんです。
10 M：そうか。バスなら打ち合わせ場所まで歩く距離は短いから15分前に集合でも
11 　　いいね。僕もバスで行こう。
12 F：もしお時間が合えば、一緒にお昼食べてから打ち合わせ場所に行きませんか。
13 　　そのときに事前に打ち合わせの相談もできますし。
14 M：いいよ。じゃあ会議の1時間前にお店の前で。
15 F：わかりました。

16 2人は何時に、どこで会いますか。

□ 打ち合わせ：meeting

1 ×　最初は12時30分に西口で会う予定だったが、予定を変更した。
2 ×　1時から会議が始まるので、1時に打ち合わせ場所で会う約束だと遅すぎる。
3 ×　10行目：15分前に集合と言ってるが、お昼ご飯を食べてから行くことになったので間違っている。
4 ○　14行目：「じゃあ会議の1時間前にお店の前で」と言っている。会議は13時からなので、12時にレストランの前で会う。

6 2 ◀)) 099

1 女の人と男の人が話しています。女の人が引っ越す一番の理由は何ですか。

2 F：実はね、私引っ越そうと思ってて。今探してるんだ。
3 M：どうして？今の部屋、駅から近いし、スーパーもドラッグストアもたくさんあるか
4 　　ら便利でいいじゃない。

5　F：そうなんだよね。でもほら、部屋の中はけっこうきれいだけど、ちょっと古いじゃ
6　　　ない？ 最近、隣に誰か引っ越してきたんだけど、隣の音が結構聞こえるってこ
7　　　とがわかったの。
8　M：音がうるさいですって言って静かにしてもらったら？
9　F：でも決して大声でしゃべったりしてるわけじゃないから、これ以上は言いにくく
10　　　て。それに男の人だから直接注意するの怖いしね。
11　M：確かにそれはつらいね。
12　F：駅から遠くてもいいかなって思って探してるんだ。そうすれば、同じ家賃で今よ
13　　　りも広い部屋が借りられるかもしれないからね。

14　女の人が引っ越す一番の理由は何ですか。

□ 家賃：rent

1　×　建物は古いと言っているが、それが一番の理由ではない。
2　○　隣の人の音が気になるが、大声で話していないことと、男性だからという理由で注意しにくいと言っている。
3　×　隣の人は男性だから直接注意するのが怖いと言っているが、その男性が本当に怖いかどうかはわからない。
4　×　部屋が狭いから引っ越したいとは言っていない。

問題3

※ 例の解説は本冊のp.103にあります。

1 1　🔊 102

1　テレビでアナウンサーが話しています。

2　F：来週は桜神社で年に一度の秋のお祭りが行われます。このお祭りは、一年の
3　　　野菜や米の収穫を神様に感謝し、お祝いする伝統行事です。土曜日には大通
4　　　りをたくさんのおみこしが行き交います。日曜日は桜神社でフリーマーケットが
5　　　行われ、多くの屋台が出て、地元のたくさんの野菜やお菓子などを買うことが
6　　　できますよ。天気予報によると来週末は天気がくずれ、雨が降る確率が高くな
7　　　るそうです。お祭りに参加される方は傘やカッパを準備しておくといいかもしれ
8　　　ませんね。

9　アナウンサーは何について話していますか。
10　1　年に一度のお祭り
11　2　野菜や米の収穫量
12　3　フリーマーケットの情報
13　4　来週の天気予報

□ 収穫：harvest　□ おみこし：portable shrine　□ 屋台：food stall

1　○　年に一度のお祭りが行われる目的（野菜や米の収穫を神様に感謝し、お祝いする）
　　　と、イベント（おみこしやフリーマーケット、屋台）、来る人へのアドバイス（傘やカッ
　　　パを準備する）を言っている。
2　×　野菜や米の収穫について神様に感謝する祭りであり、その量については言ってない。
3　×　フリーマーケットが行われると言っているが、詳しくは何も言っていない。
4　×　最初にお祭りの情報を言っている。天気予報はあくまで「傘やカッパを準備しておく
　　　といい」理由である。

2 2　🔊 103

1　会社で男の人と女の人が話しています。

2　M：ああ、ついに明日はこのプロジェクト最後のプレゼン会議か。緊張するな。

3　F：ここまでたくさん準備を重ねてきたんですから、自信を持っていきましょう。

4　M：そうだよな。じゃあ、最終確認をしよう。資料はよし、名刺も準備した。明日
5　　　の出発時間は9時でいいんだよね？
6　F：はい。朝9時発の飛行機です。向こうの空港についたらレンタカーを借りて会
7　　　場まで移動する予定です。
8　M：車の予約は何時から何時まで？
9　F：えっと、あっすみません。予約ができていませんでした。資料の準備に、忙しく
10　　て…。
11　M：忙しかったのはみんな分かってるよ。もし当日レンタカーが無理だったら、タク
12　　　シーを使えばいいよ。とにかく会場に遅れないようにだけしよう。

13　2人は何について話していますか。
14　1　会議に必要な準備
15　2　明日の出張についての確認
16　3　会場までの移動方法
17　4　会議の開始時間

□ 名刺：business card

1　×　3行目：「たくさん準備を重ねてきた」と言って安心させている。
2　○　資料や名刺、出発時間、レンタカーの予約など出張についての確認をしている。
3　×　レンタカーについて話しているが、それがメインの話題ではない。
4　×　会議の開始時間については何も言っていない。

3 🔊 104

1　授業で先生がことわざについて話しています。

2　M：ことわざは、昔の人々の生活の中から生まれ、今現在まで使われている表現の
3　　　ことです。ことわざは日本に限らず、世界中にあります。当然、言語や地域に
4　　　よって独特のものが数多くありますが、共通した意味を持つことわざをいくつも
5　　　見つけることができます。このことからことわざは「世界の共通語」と呼ばれてい
6　　　ます。つまり、言語や文化、地域が違っても、人間や社会の本質には共通点が
7　　　あるということがわかります。人間とは何か、社会とは何か、世界とは何かとい
8　　　う難しい問題を考えるとき、世界のことわざを見てみれば、求めていた答えが
9　　　見つかるかもしれませんよ。

10 先生はことわざについてどう思っていますか。
11 1 昔は使っていたが、今は使っていないものである
12 2 ことわざは言語や地域によって全く違う意味をもつ
13 3 ことわざは人間や社会の本質を表したものである
14 4 ことわざは世界の共通語としてどこでも使うことができる

□ 本質：essence

1 × 2、3行目：「昔の人々の生活の中から生まれ、今現在まで使われている表現のことです」と言っている。
2 × 4、5行目：「共通した意味を持つことわざをいくつも見つけることができます」と言っている。
3 ○ ことわざは言語や文化が違っても共通点があるので、人間や社会の本質がわかると言っている。
4 × ことわざは意味が共通しているだけで、どこでも使うことができるわけではない。

4 1　　105

1 健康講座で女の人が話しています。

2 F：私はストレスを溜めないコツとして良い睡眠をとることをオススメしています。ス
3 　　トレスを感じているときは眠れないこともあるでしょう。このように睡眠が浅くな
4 　　ると疲れが取れない、やる気が出ないなどの体調不良の原因になり、それがま
5 　　たストレスの原因になるという悪循環が生み出されます。良い睡眠をとるために
6 　　は、寝る前に簡単なストレッチをする、温かい飲み物を飲む、リラックスできる
7 　　音楽を聞くなどが効果的です。長時間眠ることにこだわらず、質の良い睡眠を
8 　　とって、ストレスに負けない体を作りましょう。

9 女の人は何について話していますか。
10 1 良い睡眠によるストレス解消法
11 2 ストレスが生じる原因
12 3 眠りが浅くなるメカニズム
13 4 良い睡眠をとる方法

□ 悪循環：vicious circle　□ こだわらず：unfussy

1	○	2行目：良い睡眠をとることがストレスを溜めないコツだと言っている
2	×	睡眠が浅くなることがストレスの原因になると言っているが、ここでは睡眠によってストレスを溜めないようにしようと言っている
3	×	眠りが浅くなるのはストレスが原因だと言っているが、ここではそのストレスを睡眠によって解消しようと言っている
4	×	良い睡眠をとるためのアドバイスをしているが、なぜ良い睡眠をとる必要があるか、というのが重要である。

5 4 🔊 106

1　テレビで俳優が映画について話しています。

2　M：この映画は今まで自分がやってきた役とは全く違っていたので、最初は自信が
3　　　なく、緊張ばかりしていました。主人公を理解するために、多くのことを勉強し
4　　　なければならなかったことは正直大変でした。でも、撮影現場で監督と何度も
5　　　話し合い、素晴らしい仲間からのアドバイスを受け、そして自分で考える。こ
6　　　れを繰り返すことで、主人公を深く理解できたと思います。難しい役でしたが、
7　　　主人公の想いが観客の皆さんに必ず届くと信じています。

8　俳優はこの映画についてどうだったと言っていますか。
9　　1　今までやったことがない役だったので、自信がない
10　　2　監督と何度もケンカして、大変だった
11　　3　主人公を理解できなかったが、楽しかった
12　　4　いろいろな工夫をして作った映画だから、自信がある

□ 撮影現場：film set　□ 監督：director　□ 主人公：main character　□ 観客：audience

1	×	最初は自信がなかったと言っていた。
2	×	監督と何度も話し合ったとは言っているが、ケンカして、大変だったとは言っていない。
3	×	6行目：主人公を深く理解できたと言っている。
4	○	監督と話し合ったり、仲間からアドバイスをもらったり、自分で考えたりといろいろな工夫をしている。最初は自信がなかったと言っていたが、最後は自信を持っている。

問題4

※ 例の解説は本冊のp.106にあります。

1 1　　🔊 109

> F： 部長、その仕事、私にやらせてくださいませんか。
> M： 1　やる気だね。じゃあ、任せるよ。
> 　　 2　いいですよ。やってあげましょう。
> 　　 3　とてもやりがいがある仕事だと思います。

1　○　「仕事をやる」という申し出に、「やる気だね」と言って、OKを出している。
2　×　仕事をやるのは部長ではなく、女の人である。
3　×　女の人が仕事をやりたいと申し出ているので、「はい」か「いいえ」で返事をしなければならない

2 1　　🔊 110

> F： 申し訳ありません。定員になりましたので、本日の受付は終了いたしました。
> M： 1　朝から並んでたんですが、どうにかなりませんか。
> 　　 2　あのう、まだ申し込みはできますか。
> 　　 3　受付って混んでますか。

1　○　受付を終了したと言われたが、諦められないのでもう一度聞いている。
2　×　すでに終了したと言われている。
3　×　もう終了しているので、混んでいるかどうかは関係ない。

3 2　　🔊 111

> M： お母さん、日曜日友達から映画に誘われたんだけど。
> F： 1　今度誘ってみなよ。
> 　　 2　いいじゃない。行っておいでよ。
> 　　 3　本当にいい映画だった。

1　×　男の人は映画に誘われた側である。
2　○　「誘われたんだけど」の後ろには「行ってもいい?」などの許可表現が省略されている。
3　×　女の人は映画を見ていない。

4 3　🔊 112

> F： 先生、髪を切られたんですね。
> M： 1　いきなり切られてびっくりしました。
> 　　 2　ずっと切りたいと思っているんですよ。
> 　　 3　ええ、昨日美容室に行ってきたんですよ。

1　×　迷惑や被害の受身であれば「切られてびっくりした」と反応しても不自然ではないが、先生に対して「切られた」と言う場合は、尊敬語であり、迷惑や被害を表す受身ではない。
2　×　「切りたいと思っている」と言っているが、もう髪を切っているので間違いである。
3　○　先生に対する尊敬語として「切られた」と言っている。

5 1　🔊 113

> M： ねえ、この字は何て読むの?
> F： 1　字が汚すぎて私も読めない。
> 　　 2　読み方はわかりますか。
> 　　 3　丁寧に書いてくださいね。

1　○　字が読めない理由として「字が汚すぎて読めない」と言っている。
2　×　読み方がわからないので質問している。質問に質問で答えてはいけない。
3　×　すでに書いてある文字の読み方を聞いている。

6 1　🔊 114

> M： 今日の飲み会なんだけど、実は今日は、僕ちょっと…。
> F： 1　そうなんだ。じゃあまた今度ね。
> 　　 2　もうちょっとかかると思うよ。
> 　　 3　ちょうどいいお店を見つけたの。

1　○　「ちょっと…」の後ろには「行けない」や「無理だ」のように断ることばが省略されている。
2　×　ここでは「ちょっと」は断り表現として使われている。「あと少し」という意味ではない。
3　×　男の人は飲み会の参加を断っているので、お店の情報は関係ない。

7 3   115

M： あれ、パーティーの準備もうしてあるの？
F： 1　じゃあ、今から準備を始めよう。
　　 2　ちょっと！　みんなも手伝ってよ。
　　 3　みんなが来る前に済ませておいたよ。

1　×　パーティーの準備はもう終わっている。
2　×　みんな＝準備が終わった後に来た人のこと。準備はもう終わっている。
3　○　「してある」を使うと、事前に準備をした状態であるという意味になる。

8 2   116

F： どうしよう、締め切りに間に合わない。
M： 1　もっと早く走ればなんとかなるよ。
　　 2　だから早めにやったらって言ったのに。
　　 3　お疲れさま。ゆっくり休んでね。

1　×　締め切りと言っているので、走っても間に合わない。
2　○　「早めにやっていなかった」から締め切りに間に合わない。
3　×　「お疲れさま」は何かが終わったときに使うことばである。

9 3   117

M： 先生、パソコンを使わせていただけませんか。
F： 1　学生に勝手に使われて困っています。
　　 2　あげるのはちょっと…。
　　 3　今使ってないからいいですよ。

1　×　男の人はパソコンを使いたいとお願いしているので、勝手に使っているわけではない。
2　×　パソコンをくださいと言っているわけではない。
3　○　先生にパソコンを使ってもいいかどうかお願いしている。

10 1 🔊 118

> F： この書類を担当者に持っていっていただけますか。
> M： 1　会議の前に届けておきますね。
> 　　 2　最初のページに書いてあります。
> 　　 3　担当者は佐藤さんですよ。

1　○　「わかりました」が省略されているが、書類を持っていくことをOKしている。
2　×　どこに担当者の名前が書いてあるのかを聞いているわけではない。
3　×　誰が担当者かということを聞いているわけではない。

11 2 🔊 119

> M： 確か去年、イベントでお会いしませんでした？
> F： 1　イベントは3日間続きました。
> 　　 2　本当ですか？ 覚えていなくてすみません。
> 　　 3　お会いできることを楽しみにしています。

1　×　去年イベントで会ったかどうかについて話しているので、イベントの情報は関係ない。
2　○　会ったことを忘れているが、イベントに行ったことは事実である。だから相手のことを忘れていることを謝っている。
3　×　これは相手と会う約束をしたときに使う表現である。

12 2 🔊 120

> F： 子ども向けのメニューを作るのはどうですか。
> M： 1　どうしようもないですね。
> 　　 2　やってみましょう。
> 　　 3　メニューをお持ちいたします。

1　×　「どうしようもない」とは、問題を解決する方法が何もないときに使う表現である。
2　○　「作るのはどうだろう」という提案に対して、やりたいという気持ちを伝えている。
3　×　子ども向けのメニューを作ろうと言っているので、子ども向けメニューはまだない。

問題5

1️⃣ 3 🔊 122

1　友達が3人で話しています。

2　M1：タンスを整理したらいらない服がたくさん出てきて、処分に困っているんだよ
3　　　ね。何か欲しいものない？
4　M2：服か…。渡辺君と僕とじゃ体の大きさが全然違うからもらっても着られないと
5　　　思うんだよね。
6　F ：リサイクルショップで買い取ってもらったら？
7　M1：リサイクルショップに持っていっても大したお金にはならないよ。それに服の状
8　　　態によっては買い取ってもらえないこともあるらしいよ。
9　M2：じゃあ、フリーマーケットで自分で売るってのは？　値段は自分で決められる
10　　　し、お客さんと話をしながら売るのって楽しいよ。
11　M1：お客さんに売るほど数はないと思う。やっぱり燃えるゴミとして捨てるのが一
12　　　番楽かな。
13　F ：私もいらない服やかばんなんかが結構あるから、一緒にフリーマーケットやら
14　　　ない？　もしそこで売れなかったら最後に捨てればいいんだし。
15　M2：そっか。みんなでやればいいんじゃん。
16　M1：それいいね。

17　男の人はいらなくなった服をどうしますか。
18　1　友達にあげる
19　2　リサイクルショップで売る
20　3　フリーマーケットで売る
21　4　燃えるゴミに出す

□ 整理する：organize　□ 処分：disposal　□ リサイクルショップ：second hand store

1　×　M1がM2に「何か欲しいものない？」と聞いているが、M2は体の大きさが全然違うという理由で断っている。
2　×　7行目：「リサイクルショップに持っていっても大したお金にはならないよ。それに服の状態によっては買い取ってもらえないこともある」と言っている。
3　○　Fが「一緒にフリーマーケットやらない？」と提案しており、みんなでフリーマーケットで売ろうと言っている。

| 4 | × | フリーマーケットで売れなかったら、最後に燃えるゴミに出せばいいと言っている。 |

2 2 🔊 123

1	大学で学生3人が話しています。女の学生はどうすることにしましたか。
2	F ：この本が読みたいんだけど、誰か持ってないよね？
3	M1：見せて。『資本論と比較文化』？ 読んだことないな。
4	M2：難しそうな本だな。図書館で探した？
5	F ：探したんだけど、うちの図書館にはなくって、別のキャンパスにはあるんだけど、
6	取り寄せると月曜日にしか届かないんだよね。
7	M1：渋谷先生に聞いてみたら？ 先生なら持ってそうじゃん。
8	F ：さっきお伺いしたら持ってないって。
9	M2：意外と古本屋にあったりして。卒業した先輩がいらないからって専門書や教科
10	書を古本屋に売ってるってことよくあるでしょ。
11	M1：あるね。僕も何冊か古本屋で専門書買ったことあるよ。
12	F ：古本屋に売ってるかな。でも、インターネットでみたら、この本結構高いんだ
13	よ。今ちょっとお金に余裕がないから厳しい。
14	M2：じゃあ、あきらめるか、直接借りに行くしかないね。
15	F ：そうだよね。週末に絶対読んでおきたいから行ってくる。
16	女の学生はどうすることにしましたか。
17	1 先生に本を貸してもらう
18	2 別のキャンパスで本を借りる
19	3 古本屋で本を探す
20	4 週末に本を読むのをあきらめる

□ 資本論：capitalism theory □ 比較文化：comparative culture □ 古本屋：second hand bookstore
□ 専門書：technical book

1	×	8行目：先生に本を持っているか聞いたところ持っていないと言われている。
2	○	別のキャンパスに本があるが、取り寄せると時間がかかる。M2が14行目で「直接借りに行くしかない」と言っている。
3	×	古本屋に売っているかもしれないが、本の値段が高いので買う余裕がないと言っている。
4	×	15行目：「週末に絶対読んでおきたい」と言っているので、あきらめていない。

3 質問1 **1** 質問2 **2** ◀)) 124

1　文化祭の担当についての説明を聞いて、女の人と男の人が話しています。

2　M1：今から文化祭の担当を決めます。まずA班は文化祭で配布するパンフレット
3　　　 やビラ、ポスターを制作する仕事をしてもらいます。B班は、主に買い出しで
4　　　 す。大量に物を買うこともあるので運転免許を持っている人が何人かいてくれ
5　　　 ると助かります。C班はスケジュールの調整をしてもらう係です。文化祭は2
6　　　 日間行われますから、全てのイベントがスムーズにいくように指示をしてくだ
7　　　 さい。準備期間はあまり忙しいわけではないですが、文化祭が始まると一番忙
8　　　 しくなりますよ。最後のD班はイベント企画です。ステージでのパフォーマンス
9　　　 やゲームの内容、文化祭でどんなお店を出すかなどの企画と当日のサポートを
10　　　 してもらいます。どれか一つ希望の班を選んでください。
11　F　：私は広告研究会に入っているから、絶対この班にする。
12　M2：特技が活かせていいね。僕はどうしようかな。文化祭の日はゆっくり見て回り
13　　　 たいから、当日忙しそうな班はやめておこう。
14　F　：田中君って運転免許持ってた?
15　M2：普段はあまり乗らないけど、運転できるよ。
16　F　：じゃあ、この班がいいんじゃない? 準備までは忙しいかもしれないけど、当日
17　　　 は余裕があるんじゃないかな。
18　M2：うん、そうだね。

19　質問1　女の人はどの班を選びますか。
20　質問2　男の人はどの班を選びますか。

□ 文化祭：culture festival　□ 配布する：distribute　□ 調整する：adjust　□ スムーズにいく：go smoothly
□ 企画：plan　□ 広告研究会：advertising research society　□ 特技を生かす：make most of special skills

質問1

1　○　広告研究会に入っており、パンフレットやビラ、ポスター制作ができるから。
2　×　最初からA班に入ると決めており、ほかの班については何も言っていない。
3　×　最初からA班に入ると決めており、ほかの班については何も言っていない。
4　×　最初からA班に入ると決めており、ほかの班については何も言っていない。

質問2

1　×　パンフレットやビラ、ポスター制作ができるような特技がないから。
2　○　運転免許を持っていて、当日は忙しくないから。
3　×　文化祭が始まると忙しくなるから。
4　×　文化祭当日のサポートをしなければならないから。